四方华文　协利来 您终生的赢利顾问

生产现场管理系列丛书

企业生存与竞争之本。
企业就没有明天。
按图索骥，班组长必能找到质量改善的最佳方案。

杰 ◎ 编著

班组长如何抓质量

（企业经理人的生产实践经验汇编
班组长必备的生产管理实用手册）

第2版

★一部创新创精品的质量管理 **真经**
★一部求优求先进的质量管理 **圣典**

经济管理出版社
ECONOMY & MANAGEMENT PUBLISHING HOUSE

图书在版编目（CIP）数据

班组长如何抓质量/黄杰编著. —2 版. —北京：经济管理出版社，2014.10
（精益生产现场管理系列丛书）
ISBN 978-7-5096-3225-3

Ⅰ.①班…　Ⅱ.①黄…　Ⅲ.①生产小组—工业企业管理—质量管理　Ⅳ.①F406.6

中国版本图书馆 CIP 数据核字（2014）第 155293 号

组稿编辑：胡　茜
责任编辑：勇　生　胡　茜
责任印制：黄章平
责任校对：吴　霞　超　凡

出版发行：经济管理出版社
　　　　　（北京市海淀区北蜂窝 8 号中雅大厦 A 座 11 层　100038）
网　　址：www. E-mp. com. cn
电　　话：(010) 51915602
印　　刷：三河市延风印装厂
经　　销：新华书店
开　　本：710mm×1000mm/16
印　　张：16.25
字　　数：265 千字
版　　次：2014 年 10 月第 2 版　　2014 年 10 月第 1 次印刷
书　　号：ISBN 978-7-5096-3225-3
定　　价：46.00 元

第二版总序

优胜劣汰是自然界亘古不变的铁律，也是企业永远无法逃避的魔咒。然而，在这不变的魔咒下，企业还要承受全球性的金融危机以及数量不断上升的安全事故的侵袭。

利润空间缩小、订单大量缩水、事故率不断攀升、冗员……面对诸多的内忧外患，企业在不良状态中倍受煎熬。对于制造型企业而言，其生存无外乎取决于管理和市场/产品两个要素。

然而，市场/产品离不开有效、科学的管理。一旦管理失衡，市场/产品即将失去生存的空间，更不可能与对手展开竞争角逐。因为产品的设计、生存、销售等一系列生产环节都将在管理中实现，所以生产现场的开发、生产及销售既是整个制造业管理的重心，也是改善的源头。

众所周知，成功的原因可以各不相同，但失败的原因从来都类似。在世界经济的大棋盘中，轰然倒塌的企业都存在一个必然因素——管理漏洞。

2013年5月31日，中储粮管理失误引起大火，导致上千万元的损失。

2013年6月3日，吉林宝源丰禽业有限公司安全失控导致爆炸，造成百余人遇难。

同年，杭州沃尔玛山姆会员店因供应链监管不力曝出涉嫌销售过期澳洲牛排的消息。

无独有偶，2013年6月4日，上海电视台也曝光了卜蜂莲花超市出售假羊肉的消息。

……

管理不当，监管失控，无疑会将企业推向生死存亡的边缘。正所谓："千里之堤，溃于蚁穴。"管理是企业生存和发展的根基，而基础的生产管理更是企业持续发展的基本保证。

生产管理是制造加工型企业的核心管理内容，主要源于两个方面：一是制造加工中产品成本的50%~80%是在现场生产环节中发生的；二是90%的问题源于生产管理。

由于高效的生产管理是决定企业以及班组长竞争力的重要构成因素，所以，强抓生产管理已成为企业的必修课。

然而，做好生产管理并非一件易事。如何抓生产管理？哪些内容属于生产管理范畴？使用何种方法及方式管理？这些都是我们必须解决的头等问题。

笔者结合自己在企业十多年的中高层管理实践及多年国内职业培训师和企业管理顾问经验，并根据制造企业及现场班组长的实际情况与需求，总结出了《班组长如何管现场》、《班组长如何控成本》、《班组长如何保安全》和《班组长如何抓质量》这套系列丛书。

丛书从管现场、控成本、保安全、抓质量四个方面分别将现场生产管理中的现场、成本、安全、质量四个重点问题一一击破。更重要的是，本丛书力求弥补市场上传统生产管理类图书的不足，系统而全面地指出现场生产管理中存在的问题。

丛书注重拓展班组长的视野和培养其解决实际管理问题的能力，为生产型企业提供了全方位的生产管理指导方法，生产管理理念新颖独到，形式清晰明了，语言通俗易懂，讲解方式配以小故事、图片、数据图表、经典案例分析等形式，引人入胜。每小节后附的互动问题能引导读者积极思考，而"笔者箴言"则一语道破相应章节中的知识重点。最后一章相关工具表单可对管理效果进行实际检验，查漏补缺，是制造企业及现场管理者必备的工作指南。

第二版前言

2013 年 4 月 20 日，雅安发生 7.0 级强烈地震，在社会各界积极救援工作有序进行过程中，宝盛大桥被地震塌方落下的一块巨石挡住了去路。于是，武警官兵对其进行了爆破。巨石被炸得粉碎，然而，宝盛大桥"毫发无损"，并获得了"桥坚强"的称号。宝盛大桥毅然傲立一方，靠的是什么？靠的是坚固的工程质量。

任何企业，若想在星罗棋布的同行中立足或者在竞争中乘风破浪，立于不败之地，若不讲求质量、注重信誉，那么后果不堪设想。

某商业街新开了两家门对门的鞋店，经营的都是皮鞋定做生意。路南的老板姓张，精明能干，能说会道，一时间顾客盈门、生意红火。路北的老板姓陆，为人本分实在，不善言辞，生意明显比对门平淡。

然而出人意料的是，随着时间的推移，张家的生意却走了下坡路，而陆家的生意稳中有升，日渐红火起来。两年之后，张家鞋店门可罗雀，难以为继，不得不关门歇业，最后被陆家盘下，开成了分店。

细心人说，两家店的一盛一衰，关键是"质量"二字在起作用。张老板见生意好，为了多赚钱，在给顾客做鞋时，偷工减料，不重视产品质量。顾客新买的鞋子，时间不长，不是开胶就是断底，导致客户抱怨不断。而陆老板本本分分做鞋、实实在在经营，做出的皮鞋质量过硬、货真价实，于是顾客自然就纷纷流向了路北的陆家。

千里之堤，溃于蚁穴。试想如果企业质量把关不严格，就会生产出不合格的产品，投入市场，损害消费者的利益，那么企业的形象必将一落千丈，产品滞销在所难免。若企业不加以控制产品质量，势必会走张家鞋店的老路。

当然，企业并非以优质的产品谋取生存之后就高枕无忧了。当今的世界，是开放的世界，发展浪潮波涛汹涌，创业意识势不可当。正所谓："树欲静而风不止。"一个企业正像一颗树，而发展之势如狂飙卷地。

一个不思进取的企业，即使是一颗参天大树，也难敌狂风漫卷之灾。20世纪80年代，国内某些国有大中型企业高投入、高成本、低质量、低效益经营，发展如同一潭死水，最终只能苟延残喘，无力发展。

任何企业，如果不重视产品质量，以次充好、以劣代优，既是对顾客、对社会的不负责任，同时也会危害自身，甚至为此付出惨痛的代价。

综上所述，良好的产品质量是一个企业制胜的利器，也是企业永无止境的追求，它蕴含了前人的经验，但品质管理更是蕴含了人类的结晶。因此，抓好企业的质量管理，就是抓住了企业的"中枢神经"。

在企业的生产活动中，质量缺陷是由多方面原因造成的，不仅体现在制造过程这一阶段。同时，一个产品不可能达到百分之百的优质。因此，对于一个企业生产管理者胜任能力的判定不是看他是否发现了缺陷，而是看他是否有同类的问题发生或是否一错再错。因为一个好的班组长应该学会与生产的各个环节相关的所有部门以及人员做好配合，及时做好应对质量缺陷的措施，并逐渐具备相关的思考能力、判断能力、沟通能力以及解决问题的能力。

事实上，班组是企业管理的基石，班组工作是企业一切工作的落脚点，企业所有的管理目标最终都要通过班组来实现。然而，在当今的企业，要想做一名合格的班组质量管理者是一件非常难的事情。因为在整个企业的质量管理中，我们经常可以看到，生产与质量管理是难以调和的。因此，很多企业的班组质量管理者，甚至更高层的质量管理者，需要从以下几个角度实施质量管理：首先，要理解质量和质量管理的实质；其次，要知道提高质量的因素有哪些；最后，要学会如何提升团队的整体作业水平，让搞生产的每一个员工觉得我们的目标是一致的，让每一位员工的血脉里都存在质量意识的"细胞"。

当然，要想做一名合格的质量管理者，还要不断地充实、更新自己的知识，密切关注客户的需求。然而，日月经天，江河行地。客户对每个阶段产品质量的要求迥然不同。因此，只有不断地加强质量改进，不断地提出新的观念，坚持推行六西格玛管理法，才不会被淘汰。

质量大师朱兰先生曾说："21世纪是质量世纪。"在当今这个热衷于品质的时代，好的品质是企业永远的承诺。企业每一个员工势必要树立品质意识，只有好的品质才是企业得以生存下去的有力保障，只有踏着前人的足迹，不断地进取与创新，才能做一名好的质量管理者。

　　本书以质量管理为主线，就质量管理中的各个环节——解析，旨在全面提高班组长的质量管理技能，创造一流的产品质量。此次再版，笔者亦将自己所得经验及心得一起分享给广大读者。

　　质量是企业生存的奠基石，质量是企业发展的"金钥匙"。质量管理是一个企业是否具有持久竞争优势的重要指标，质量管理和把控能力是班组长几项重要胜任能力之一。

　　质量已经成为企业核心竞争力的最基本要素，在企业的发展过程中起着决定性的作用。如何抓品质？如何做好质量管理？如何成为一名优秀的班组长？

　　质量像舵，人是舵手。希望本书能成为您做好质量管理的"助推器"！

目　录

第二篇　见微知著

第三篇　直捣黄龙

第一篇

财富基因

第一章　小中见大
——质量与质量管理实质

本章提要：

▶ 质量的定义

▶ 质量对于企业的意义

▶ 质量管理的发展与现状

▶ 质量管理的重要意义

▶ 质量管理原则及应用

▶ 树立"用户至上"和"零缺陷管理"理念

▶ 班组长的质量职责和作用

质量决定品质高低，管理决定企业成败。如果没有质量，生产等于负数；如果没有管理，发展等于负数；如果没有质量管理，诚信与声誉等于负数，广告与品牌等于负数，营销与收入等于负数！

一、什么是质量

2008 年 5 月 12 日 14 时 28 分，8.0 级特大地震对四川汶川发动了突然袭击。

那一刻，汶川、北川、青川……千万座房屋瞬时倒塌，数万条生命顷刻消逝！

那一刻，地处北川、江油重灾区的五所希望小学却安然无恙，师生安全！

那一刻，地处映秀镇的阿坝师专的教学大楼却屹立不倒，无一垮塌！

那一刻，北川刘汉希望小学却被誉为了"史上最牛的学校"！

那一刻，紧靠震中映秀镇的国家大型水利枢纽——紫坪铺水库大坝抗震烈度达10度，震后依然结构稳定、安全！

……

面对这场破坏性极强的自然灾害，重灾区的这些建筑却巍然屹立，不能不说是个奇迹！

然而，这些了不起的"奇迹"是怎样创造的？是质量！是攀成钢公司生产的优质建筑钢材，是攀成钢提供的"钢筋铁骨"，是攀成钢创造的"质量"为灾区人民铸就了生命"防空洞"，在灾区树立起了一座座不朽丰碑。

真正伟大的企业是在逆境中能够做得大，而不是在顺势中能够活得久。在全球经济一体化的背景下，提高产品品质已成为了企业生存发展、增强综合竞争力的必然选择。

所有人都明白质量是企业的生命，那么到底什么是质量呢？

在我们认识质量之前，首先来探讨一个非常简单的问题："公司靠什么生存？"

相信大家一定会毫不犹豫地回答：利润！利润是什么？利润 = 收入 – 支出。

影响收入和支出的因素又有哪些呢？从大的方面来说，有营业收入、营业成本、管理费用、财务费用和销售费用等。再细化下去，有产品创新能力、产品质量、原材料采购价格、安全管理、人力成本、设备维修成本，等等。

在我们参与生产的产品中，质量是否达到了顾客的要求？有没有被退货？许多日常工作，我们是否都做好了？是否经常被上级指正或批评？是否经常返工？是否由于自己工作的失误，给公司带来了直接的经济损失？等等。

这些看似与利润没有直接关系的事，却时刻都在影响着公司的利润。不管我们从事何种工作，都必须确保工作质量，用工作质量保证产品质量。

人们经常谈论"质量"。当我们问到"什么是质量"时，每个人也都会有自己的认识：

甲：质量就是符合客人的要求。

乙：质量就是产品符合某个特定要求的程度。

丙：质量就是达到统一的标准。

丁：质量就是企业的命根。

……

众说纷纭。到底什么是"质量"呢？让我们先来看一下目前国内几种错误的质量观点。

专业机构调查发现，目前国内企业存在以下五种错误的质量观点：

第一种，误认为"满足国家标准部门颁布的行业标准，质量就是好的"。一些"正规"的企业把满足各类标准作为衡量产品质量的唯一尺度，对于市场发生的变化以及国际先进技术是否已进入了中国，均不屑一顾。

第二种，误认为"没有出现残次品，质量就是好的"。许多厂商把检验看成保证质量的唯一手段，并要求购买者能理解他们，却不曾想到检验标准是企业自己确定的。

第三种，误认为"企业用的是最好的原材料，用的是全套进口设备，所以我们的质量是有保证的"。一些厂商为了证明其产品的质量常常强调原材料，且不说是否真实，即使真实也未必能保证加工过程中的质量。

第四种，误认为"以前我们一直这样做，从没出过问题，今天我们照样做，质量应该是没有问题的"。从过去到今天一直保持某个风格固然不易，但一成不变就是好吗？

第五种，误认为"我们已经通过了 ISO9001 认证，因此质量没有问题"。的确，ISO9001 是国际知名的质量管理标准，认真执行会提高质量，但现在有些企业是为了取得证书而进行认证的，实际上没有下多大的工夫，只是想办法走近路，一旦证书到手，就将新建的质量管理体系放在一边，仍旧我行我素。

香港品质保证局总裁吴遐威先生有一段话讲到了实处："ISO9000 是一件昂贵的进口软设备，和所有先进的进口设备一样，若你能认真努力地使用并不断改进，就会大幅度提高质量并取得效益；但若你将其束之高阁不去用它，那它就是一纸空文，一文不值。"

那么正确的质量概念是什么呢？

20 世纪 60 年代美国著名质量管理专家朱兰给质量下了一个基本定义：质量就是适用性。适用性的质量概念要求人们从使用的要求和满足程度两个方面去理解质量的实质。

另一位质量专家戴明认为：质量是以最经济的手段，制造出市场上最有用的产品。

克劳士比认为：质量就是符合要求的标准。

日本学者田口玄一认为：质量是商品上市后带给社会的损失。如机械发生故障、停电、列车误点、飞机失事等。

日本"质量管理之父"石川馨认为：质量的意思，就是工作质量、服务质量、资讯质量、过程质量、部门质量、制度质量、公司质量、目标质量等。我们的基本做法是控制每一层面的质量。

以上概念真把我们给弄糊涂了，到底什么是质量？ISO9000：2000版标准对质量做出了符合实际的定义：一组固有特性满足要求的程度。

我们可以理解为：

第一，关于"固有特性"的"特性"指"可区分的特征"。

特性可以是固有的也可以是赋予的。"固有的"就是指某事或某物中本来就有的，尤其是那种永久的特性，例如吊卡的孔径、动力钳的适用管径等技术特性。

"赋予特性"不是某事物固有的，而是产品完成制作后因不同的要求对产品所增加的特性，如产品的价格、供货时间和运输要求（如运输方式）、售后服务要求（如保修时间）等特性。

第二，"要求"是指"明示的、通常隐含的或必须履行的需求或期望"。

"明示的"可以理解为规定的要求，如在文件中阐明或顾客明确提出的要求。

"通常隐含的"是指企业、顾客或其他相关方的惯例或一般做法。其需求或期望是不言而喻的，例如提供给顾客的液压件、动力钳整机必须将进出油口堵上等。一般情况下，顾客或相关方的文件中不会对这类要求给出明确的规定，企业应根据自身产品的用途和特性进行识别，并做出规定。

"必须履行的"是指法律法规要求的或有强制性标准要求的。

什么是"质量"？质量即符合要求，而不是好。我们看一下图1-1：

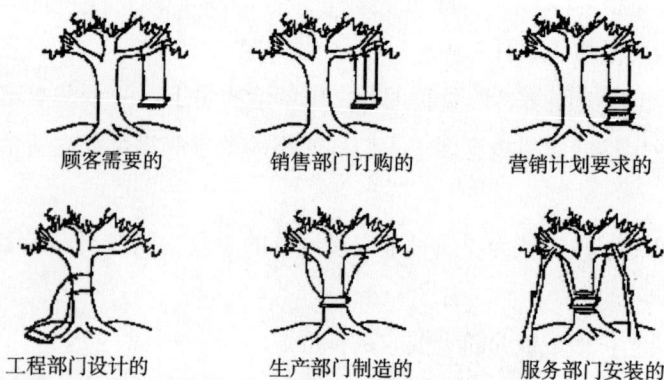

顾客需要的　　销售部门订购的　　营销计划要求的

工程部门设计的　　生产部门制造的　　服务部门安装的

图1-1　质量即符合要求，而不是好

由此引发出一个问题：好的质量是什么样的呢?

顾客需要的是一个简单的秋千，而销售部门在订购时认为这种不好，说小孩容易摔下来，于是多加了一个固定绳。而到了营销部门，他们认为这种方案不便于矮人上下，于是在原秋千的底部增加了梯层。可在转到工程部门设计时，他们又认为营销部门的方案太危险，便做了相应调整。到生产部门制造时，他们又说调整的方案不好生产，再次做了改进。到服务部门安装时，又是另外一种方案。

说起来，哪个部门都是为了客户好，但却都违背了客户的意愿。

如果顾客需要某一种秋千，那么公司各部门应团结一致向顾客所需要的目标共同努力。由此我们可以得到图1-2：

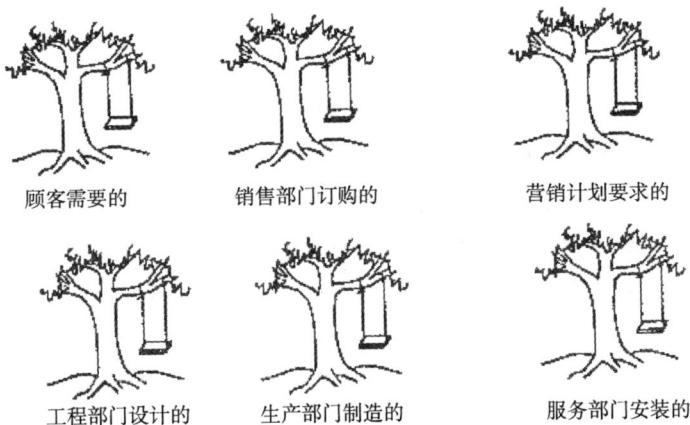

顾客需要的　　　　　销售部门订购的　　　　　营销计划要求的

工程部门设计的　　　　生产部门制造的　　　　服务部门安装的

图1-2　质量即符合需求，而不是好

什么是"质量"？质量等于通过不懈的努力来尽可能地符合及满足用户的期望。它包括用户观念、标准化观念、预防观念、不断改进的观念等。

笔者箴言　　消费者的需求往往和质量高低有着密切关系，即质量的优劣是满足消费者需求程度的一种体现。因而，质量管理者务必要紧抓质量管理。

思考题：

1. 什么是质量?

2. 目前国内有几种错误的质量观点?

二、质量是成败之关键

随着产品时代的到来，企业更应该重视产品的质量，否则将被淘汰出局——没有品质，就没有明天。

有一首英国童谣这样写道：

> 失了一颗铁钉，丢了一块马蹄铁；
>
> 丢了一块马蹄铁，折了一匹战马；
>
> 折了一匹战马，损了一位将军；
>
> 损了一位将军，输了一场战争；
>
> 输了一场战争，亡了一个国家。

一颗小小的铁钉尚可以导致一个国家的灭亡，如果产品经常出现质量问题，必然会撼动企业生存和发展的根基，质量决定了企业的成败！

一家企业要长久立于不败之地，不仅仅是要依靠不断推出新奇的创新产品来吸引消费者的眼球，最根本的是要通过产品的质量赢得市场。

市场研究表明：对质量满意的顾客只会将满意告诉 8 个人，而对质量不满意的顾客会把不满意告诉 22 个人。如果增加 5%的顾客保留率可以增加 50%的利润，而减少 5%的顾客离去率可以增加 70%的利润。

质量好坏的问题，说到底是一个关乎企业生死的战略问题。以质取胜是各企业一致认同的战略大计。

📋 案例

丰田之东山再起

日本丰田汽车公司在 1957 年推出汽车时，由于质量不过关，在与美国轿车的竞争中一败涂地，在公众中形成了"脆弱"、"不耐用"的印象。

1961 年，丰田公司研制出了质量优良的新型轿车，为了消除公众固有的不信任，丰田公司专门制作了一套名为"飞车考验"的专题节目：高速飞驰的轿车腾空而起，在距离地面 2~3 米的高处悬空飞行 20~30 米，着地后照样高速飞驰。丰田汽车低质的说法不攻自破。

作为历史悠久的日系豪华车品牌，丰田自创立以来，不断完善创新，在北美市场获得了巨大的成功，赢得了数百万消费者的青睐和支持，全球销量累计超过 400 万辆，成绩斐然。

豪华车市场群雄汇聚，奔驰、宝马、奥迪、雷克萨斯等鏖战正酣，而丰田汽车的进入，更令高端市场的竞争充满了变数。

日本丰田汽车公司董事长认为，丰田汽车的这份底气首先来自于丰田的品质。

在这个信息爆炸的时代，对产品的质量不容有丝毫疏忽。成功不代表没有问题，不要因为 1% 的失败而惨遭淘汰。

我们常常可以听到或看到某企业生产的产品因为质量问题而被媒体、网络曝光，这些事件对产品销售的负面影响是可想而知的。

事实上，正如通用电气公司（GE）前总裁韦尔奇所说的："如果不能以世界上最低的价格出售最高质量的产品，你将被迫退出市场。"

如果我们等到产品质量出了问题再去采取补救措施，不仅要付出额外的成本，还会严重损害企业的形象。

比如进行物料检验，如果发现物料不符合要求，就需要再次挑选物料进行生产，这不仅影响生产效率，而且将造成产能的损失；再比如车间生产的成品，如果客户在验货时发现质量问题，将造成返工损失；又比如，如果产品质量不好，生产的产品到市场上出现了问题，就需要返厂维修。这样的例子举不胜举，不但市场影响大，它本身损失的成本也很大。

在经济全球化的 21 世纪，能够生存到今天的公司，在产品质量上必定有制胜之道。由于质量的内涵已越来越丰富，企业的产品无论在国内市场还是在海外市场，都须面对诸多认证要求，使得企业渐渐具备了"质量与成败、质量与生存、质量与未来"息息相关的经营意识。

企业要赢得市场的青睐，质量是第一要素。良好的质量是一个企业真正得到广大消费者良好口碑的保证。如果一个对产品质量不满意的顾客能够直接或间接地影响 100 个潜在顾客，那么杜绝任何质量问题就等于赢得了数百个甚至数千个顾客的满意。

美国一家咨询机构的研究表明：消费者对行业内产品质量的排序，关系到企业的投资回报率。如果一个企业的产品质量排在前 15 位，其税前投资回报率平均为 32%；如果一个企业的产品质量排在后 5 位，其税前投资回报率平均仅为 14%。

这个法则告诉所有生产制造商：在产品销售过程中受益的，不只是消费者，对品牌质量的认知和认同同样是企业稳定发展和扩大市场份额的重要因素。

由此可见，在市场经济日益发达的大背景下，质量对于一个企业的重要性已显而易见。据有关统计数据显示，7 年是一个企业的平均寿命，那些过早在市场上夭折的企业，不乏是陷进质量管理泥潭的。

质量之所以在今天变得比过去更加重要，不仅因为市场环境发生了巨大改变，而且商品紧缺的日子已经从市场中消失。从市场竞争的角度讲，产品质量的高低已经成为企业是否有核心竞争力的主导因素之一。任何一个想做大做强的企业，在增强创新能力的基础上，努力提高产品质量水平是不可或缺的辅助手段。

也就是说，市场已经发生了根本性的变化，那种只要能生产出来就能卖出去的年代已经一去不复返了。所以，提高产品质量管理是保证企业占有市场、获取持续经营动力的重要手段。

成功的企业无一例外地都在质量管理上下工夫。总之，胜也质量，败也质量。质量是企业成败的关键，是品牌经久不衰的源泉。

笔者箴言 ▷ 质量是企业参与市场竞争的基本，只有过硬的产品质量才能在竞争中与对手抗衡，并吞并其市场份额。

思考题：

1. 质量对企业有什么意义？

2. 丰田为什么会成功？

三、质量管理的发展及现状

"21 世纪是质量的世纪"，美国著名质量管理专家朱兰曾说，"生活处于质量堤坝后面"。质量就像黄河大堤一样，在给企业带来利润和认可的同时，也给企业带来了决堤的风险。

随着经济全球化进程的加快和信息革命的迅猛发展，任何企业总会存在质与量的选择：要么毁企业发展之前程，求一时之利；要么精心耕耘，打造高质量产品。

事实是，目前中国已由"皇帝的女儿不愁嫁"的计划经济走入了"酒香也怕巷子深"的市场经济，在"数量"问题已解决的今天，产品的生产正由数量增长型向质量安全效益型转变，庞大的无效率的人力占据了企业的狭小空间，企业的利润越来越微薄，应如何应对这样的现实呢？

唯有加强企业产品质量管理！企业必须快速转变经营观念，树立"质量奠定百年发展，品质造就基业常青"的质量管理理念。

美国质量管理专家戴明认为：质量管理是指为了最经济地生产有价值、在市场上畅销的产品，要在生产的所有阶段使用统计原理和方法。

中国质量管理协会认为：质量管理是为保证和提高产品质量或工程质量所进行的调查、计划、组织、协调、控制、检查、处理及信息反馈等各项活动的总和。

那么，到底什么是质量管理呢？

ISO9000：2000版标准对质量管理做了定义：质量管理是管理者在质量方面指挥和控制组织的协调活动，通常包括制定质量方针和质量目标以及进行质量策划、质量控制、质量保证和质量改进（见图1-3）。

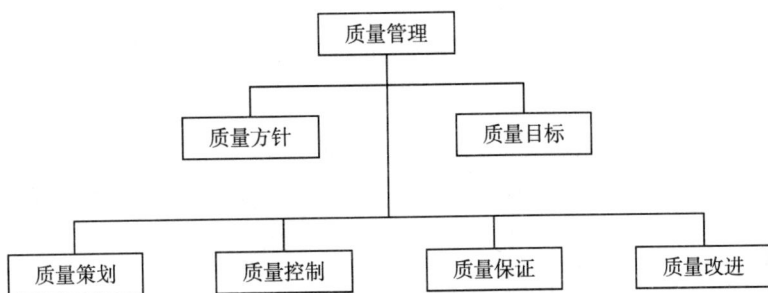

图1-3　ISO9000：2000版标准对质量管理的定义

质量管理是一门科学，它是随着整个社会生产的发展而发展的，了解质量管理的发展过程，有助于我们在产品的生产过程中更有效地利用各种质量管理的思想和方法。

质量管理的宗旨是："一切为了用户满意！"只有取得用户满意，企业才能迈入市场竞争的门槛。"90%以上的'不满意'的顾客，并不会向公司投诉，他们只会随意地转向另外的商家。"这是来自洛克公司的权威统计。可见，只有用户满意，企业才能生存。

目前，一般把质量管理的发展过程分为以下三个阶段（见图1-4）：

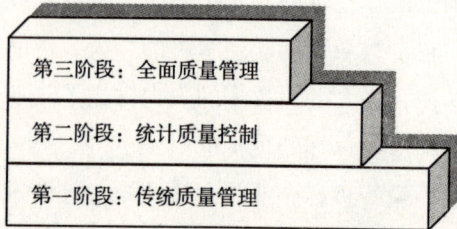

第三阶段：全面质量管理

第二阶段：统计质量控制

第一阶段：传统质量管理

图1-4　质量管理发展阶段

第一阶段：初始阶段，也称为传统质量管理阶段或质量检验阶段。从大工业生产方式出现直至20世纪40年代是质量管理的初始阶段。

20世纪以前，属于"操作者的质量管理"，产品质量主要依靠操作者本人的技艺水平和经验来保证。进入20世纪后，以F.W.泰勒为代表的科学管理理论产生，质量管理的中心内容转变为事后把关性质的质量检查，促使产品的质量检验从加工制造中分离出来。

随着企业生产规模的扩大和产品复杂程度的提高，产品有了技术标准，公差制度也日趋完善，开始对已生产出来的产品进行筛选，把不合格品和合格品分开，保证不使不合格品流入下一工序或出厂流入用户手中。同时，各种检验工具和检验技术也随之发展了起来。

这个阶段的主要特征是按照规定的技术要求，对已完成的产品进行质量检验。

第二阶段：统计质量控制阶段。它是20世纪后质量管理发展过程中的一个重要阶段。

由于初始阶段是在废品已经出现的基础上把合格品和不合格品分开后的把关检查，但废品既已出现，即使被检查出来也已经造成了损失。

于是，美国数理统计学家W.A.休哈特在1924年运用数理统计的原理提出了在生产过程中控制产品质量的六西格玛法，绘制出了第一张控制图，建立了一套统计卡片，并提出了控制和预防缺陷的概念。

与此同时，美国贝尔研究所提出了抽样检验的概念及其实施方案，成为运用数理统计理论解决质量问题的先驱，但当时并未被普遍接受。

以数理统计理论为基础的统计质量控制的推广应用始自第二次世界大战。在"二战"期间，军工产品的生产任务重、时间紧、工作量大、检验费用高、破坏性严重，且很多产品不能进行全检，事后检验又无法控制武器弹药的质量，必须进行抽样检查。所以美国国防部决定把数理统计法用于质量管理，并由标准协会制定了将有关数理统计方法应用于质量管理方面的规划，成立了专门委员会。

20 世纪 40~60 年代，基于数理统计理论的抽样检查方法得到了迅速的推广应用。这一阶段的主要特征是：由事后把关变为事前预防，并广泛而且深入地应用了统计的思考方法和统计的检查方法。

第三阶段：全面质量管理阶段。这一阶段是现代科学技术和现代工业发展的必然产物。随着生产力的迅速发展和科学技术的日新月异，20 世纪 50 年代末 60 年代初，美国 A.V.费根鲍姆正式提出了全面质量管理的概念。

费根鲍姆提出：全面质量管理是"为了能够在最经济的水平上，在充分满足顾客要求的条件下，进行生产和提供服务，并把企业各部门在研制质量、维持质量和提高质量方面的活动构成为一体的一种有效体系"。

进入 20 世纪后半期，由于人们对产品的质量从注重产品的一般性能发展为注重产品的耐用性、可靠性、安全性、维修性和经济性等，新技术、新工艺、新设备、新材料大量涌现，工业产品的技术水平迅速提高，产品更新换代的速度大大加快，新产品层出不穷。同时，在管理理论上也有了新的发展，突出重视人的因素，强调依靠企业全体人员的努力来保证质量。此外，还有"保护消费者利益"运动的兴起，企业之间的市场竞争越来越激烈。

因此，全面质量管理作为现代企业管理的一个重要组成部分应运而生，并且得到了迅速推广。

虽然质量管理发展过程中的几种"经典管理模式"都诞生在西方国家，但在我国，质量管理的产生和发展过程更加源远流长。

根据有关资料记载，我国早在 2400 多年前，就有了青铜制刀枪武器的质量检验制度，开始了以商品的成品检验为主的质量管理方法。

总之，在质量管理的发展过程中，企业对产品质量的要求越来越高。从"检验产品质量"到"预防产品质量"出现问题，由"堵质量"到"疏质量"，再到生产的"全面质量管理"，可以说，质量管理这一企业生存的命门已发生了质的转变。

然而，长期以来，我国仍没有摆脱高成本、高浪费、低质量、低效益的质量管理现状。

案例

"10 美元"的不同

20 世纪 50 年代，日本刚开始向美国出口商品时，"MADE IN JAPAN"和今天的"MADE IN CHINA"一样，是质量低劣的代名词。

当时日本产的 10 美元一件的产品被美国的商店放置在最便宜商品的货架上，放置在高档货货架上的全是 50 美元一件的美国或欧洲的产品。日本的企业开始思考：为什么同样的产品日本产的只值 10 美元，而美国和欧洲的产品却值 50 美元呢？日本厂商买来了大量美国和欧洲的产品，开始研究。几年后，便宜货的货架上已看不到日本货的踪迹了。

而我国在 20 世纪 80 年代就开始向美国出口 10 美元的产品，可是到了 30 年后的现在还在卖 10 美元的产品，而且有持续下去的趋势。为什么呢？

因为中国人总是安于现状，只要 10 美元的产品能够卖得出去，就会一直做下去，缺乏对产品质量进行革新的积极进取精神。中国引进了上百条电器生产线，每个工厂引进生产线后就试图一劳永逸地永远生产下去，不积极进行任何的改进，也不积极进行先进的质量管理。电器产品更新换代得很快，一种型号的产品寿命只有 3~4 年，甚至更短，所以中国电器制造企业的平均寿命只有 3 年左右。

2007 年中国质量协会面向全国开展的一次质量管理现状调查显示：我国从 20 世纪 70 年代末开始引入统计质量管理方法，1981 年 11 月成立了全国统计方法应用标准化技术委员会。虽然一个数理统计方法标准体系已初步形成，但由于数理统计方法的专业性以及国内从事质量管理研究的统计人士的缺乏，除少数先进的企业基本具备了一定的统计质量管理水平外，大多数企业在质量管理中对统计方法的应用还处于初级阶段。

随着全面质量管理在欧美、日本等国家的推广和普及，我国也开始推行全面质量管理。ISO9000《质量管理和质量保证》系列标准在国内得到了一些应用，但还远远谈不上普及，成功实施了全面质量管理的国内企业更是屈指可数。

可见，在质量管理方面，国内的质量管理发展相对滞后，我国企业对专业质量管理方法的应用还处于起步阶段。

中国最专业的质量管理类期刊之一《品质文化》曾经刊登过一篇专访：我国大部分企业处于大力推进统计质量管理方法应用的阶段，基础还相当薄弱。目前国内一些企业连基本的抽样检验都不能正确进行，甚至把随意抽样与随机抽样混为一谈。而在随意取样中，某个数字被抽中的概率会比较高，它的科学性跟随机抽样具有天壤之别。如果企业把数据建立在随意抽样的不可信的基础上，其运营环节中很可能会出现质量问题。

"1%做不好，就会带来100%的风险"，牛根生深切地体会到了这一点："没有质量管理的企业，是没有生命力的企业。"

牛根生曾表示："蒙牛将把1万多名员工陆续派往4000多个奶站，每站都安排2~3人对其进行监管，人促牛，人促站，人促车，今后蒙牛甚至有可能给每家奶站安装摄像头、监视器，全程监控收奶、运输过程。"

质量管理没有完全统一的组织、流程和方法，每个企业必须根据自身的具体情况制定出合理的质量管理模式。

案例

谁在"烧"钱

三星公司现任总裁李健熙曾在1992年路过欧洲某卖场时，四处搜寻三星的产品，最终发现三星的一款电视机被摆放在了一个不起眼的角落，无人问津。这件事，对他触动很大。然而，更大的触动在美国，三星的产品居然沦为了地摊货。

当时韩国市场还很狭小，而世界市场对三星产品的评价非常低，企业怎么发展？随即，李健熙发布了"新经营理论"，下令把三星公司生产出的有质量问题的产品，包括电视机、电冰箱、微波炉、手机等堆积在工厂前焚毁。顷刻之间，价值200多亿韩元的产品，化为尘烟。

正是李健熙质量管理理念的转变，使三星公司开始从单纯追求数量增长转变为以质量为导向，进行了公司结构、人才培养、产品设计和生产流程控制等各个方面的改革，最终取得了良好的经济效益，并平稳地渡过了20世纪90年代的亚洲金融风暴。

质量管理不是一成不变的，也没有永恒的答案，时刻都可能会出现新的问题，而质量管理就是在持续不断地解决问题的过程中逐步规范起来的。

笔者箴言　质量管理是企业管理的重要组成部分，对于不同的企业而言，只要符合并推动企业发展，该质量管理方式就可以采取。

思考题：

1. 什么是质量管理？

2. 质量管理的发展经历了几个阶段？

3. 我国企业的质量管理现状是什么？

4. 质量管理是一成不变的吗？

四、质量管理的意义

打造世界品牌，奉献优良产品，是企业永恒的追求。不求最好，只求更好，是企业力求卓越的质量管理理念。

案例

价值券

海尔为了抓好产品质量管理，制定了一套以"价值券"为中心且易操作的量化质量考核体系。员工每人持有一本质量"价值券"手册，手册中详细列举了以前生产过程中出现的各种问题，并针对每一个问题，明确地规定了自检、互检、专检三个环节各自应负的责任及处罚金额。简单地说，就是如果发现一个问题得1元钱的话，漏掉一个问题则罚10元钱，即时兑现。

质量责任"价值券"的管理方式在海尔的每一位员工心里深深植下了"质量第一"的观念。生产过程中，职工把每一道工序都与用户的需求密切联系起来，产品依次流转，质量层层把关，环环扣紧，保证了出厂的都是全优的产品。

海尔的成功是质量管理的成功，优良的质量管理是提高产品竞争力的保障，是提高企业经济利益的巨大动力。

美国著名质量管理专家、"全面质量管理"方法的创始人 A.V.费根鲍姆先生曾说过："质量管理是一种道德规范，把追求卓越视为光荣。"

质量管理永无止境，需要不断探索，不断完善，满足顾客期望，提升产品忠诚度、美誉度，最终才能为顾客、股东和员工创造价值。

案例

短命的企业

A 小厂属于小私企，是创办人因为看准了时机而兴建的。前半年的效益非常好，由于市场同类产品较少，所以市场效益一直不错。但是竞争对手随着时间的推移，如雨后春笋般涌现，且质量上也得到了提升。

A 小厂一直以"创始人"的身份自居，不但无视竞争对手的产品，而且也不去考虑自身产品的质量改善。直到第二年工厂出现亏损，负责人才着手质量管理改善，但此时已晚。在苦苦支撑半年之后，A 小厂终于"关门大吉"……

一家高科技企业的质管部部长说："2005 年，公司的年产值不到 7000 万元，废品折算达 400 万元，到了 2007 年底，公司年产值超过亿元，废品折算只有 200 万元，而在 2008 年年产值超过 2 亿元的情况下，不良品不过 50 多万元。质量管理是可信赖的和有效的。"

对于每一个企业而言，质量管理是最关键的也是最致命的。企业不重视质量管理，由盛至衰最多不过两三年的时间。

质量管理对企业的作用是显而易见的，完善的质量管理体系不仅能提高企业的经济利益与竞争能力，还能提升一个企业的综合管理水平和技术水平，反映出企业的精神文明建设状况。

我国企业要想生存、发展、立于不败之地，就要在质量管理方面选择有效的管理方法。

笔者箴言 质量管理的效果是否符合企业发展直接关系到产品在市场上的竞争力，所以班组长实施质量管理是否到位直接影响产品质量的高低。

思考题：

1. 海尔是以什么形式进行质量管理的？

2. 质量管理的意义是什么？

五、质量管理原则及应用

　　世界经济发展到今天，市场竞争愈演愈烈，任何企业只有将质量置于企业战略的核心地位，才能在长期的竞争中立于不败之地。尽管质量管理工作如此重要，但不同的企业在实施质量管理方面仍然存在着很大的差异和普遍的不足。

　　优良的质量管理，是在质量管理原则的基础上建立起来的。质量管理原则在质量管理活动中起着关键性和决定性的作用。

　　ISO 吸纳了许多知名质量管理专家的理念，结合质量管理的理论和实践，总结出了指导企业质量管理活动的基本理论——八项质量管理原则（见图 1-5）。

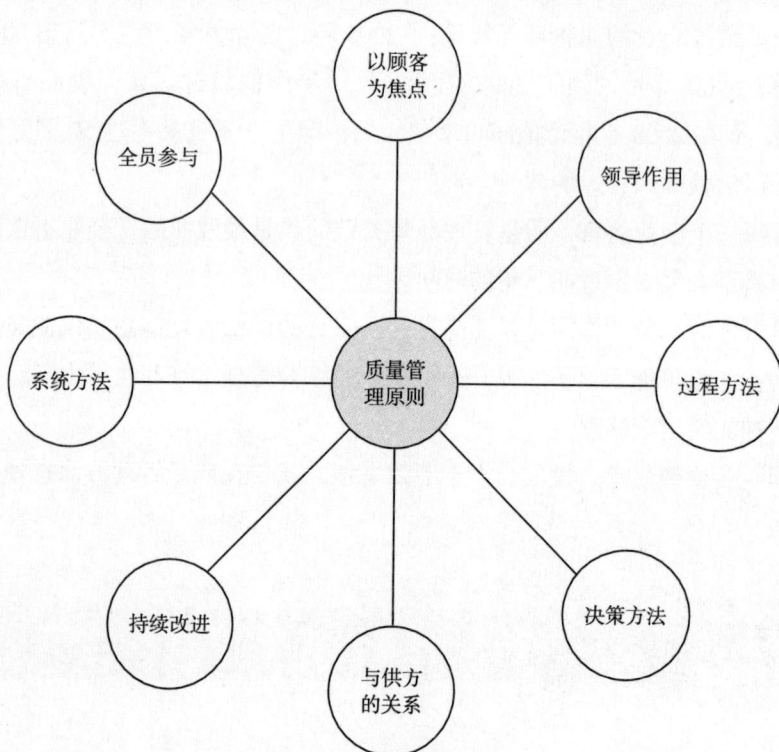

图 1-5　八项质量管理原则

八项质量管理原则即以顾客为关注焦点、领导作用、全员参与、过程方法、管理的系统方法、持续改进、基于事实的决策方法、与供方互利的关系。

那么，我们应该如何理解和应用这八项质量管理原则呢？

第一项原则，以顾客为关注焦点。

顾客是企业赖以生存和发展的基础。如果企业不能理解、满足或超越顾客当前及未来的需求，企业的处境就是危险的。因此企业应关注顾客，把满足顾客的需求和期望放在首位，将其作为企业的质量要求，并采取措施使其实现。

此外，由于顾客的需求是不断变化的，企业需要随时进行市场调查和分析，测量顾客的满意程度，加强与顾客的沟通。通过采取改进措施，使顾客和其他相关方满意，从而形成竞争优势。

第二项原则，领导作用。

所谓领导作用，即企业最高管理者具有决策和领导一个企业的关键作用，他确立企业统一的宗旨及方向，创造并保持使员工能充分参与实现企业目标的内部环境。

企业最高管理者应在企业内建立能够体现企业总体质量宗旨和方向的企业质量方针和目标，时刻关注企业经营的国内外环境，并制定相应的发展战略，规划发展蓝图，将质量方针、目标传达落实到企业的各职能部门和相关层次，让全体员工理解并执行。

此外，为了保证质量方针和目标得到切实履行，企业的最高管理者应身体力行，建立、实施并保持一个有效的质量管理体系，确保提供充足的资源，识别并管理影响质量的相关过程，使顾客和相关方满意。

第三项原则，全员参与。

人是企业生产中最活跃的因素，是企业的根本。优秀的质量管理，离不开企业全体员工的热情参与和积极维护。

案例

质量管理人人有份

小孟是一线员工，自上周部门领导在车间要求所有一线人员都加入到现场质量完善活动后，小孟就积极主动地协助班组长进行质量管理。

很快，小孟发现现场有一道工序影响了产品质量。某种型号的支架比实际安装时小了 0.3mm，小孟实验了多次，如果将该支架延长 0.3mm 正好卡住线槽，就会使产品的稳固性更好。

第四项原则，过程方法。

任何一个企业要有效运作，都必须识别在管理生产活动中众多相互关联的过程，并系统地管理企业所有的过程。

例如，在建立企业质量管理体系或制定质量方针和目标时，应识别和确定所需要的过程，明确可预测的结果，识别和测量过程的输入和输出、过程与企业职能之间的接口和联系，明确规定管理过程的职责和权限，识别过程的内部和外部顾客。

此外，企业在设计过程时还应考虑过程的步骤、活动、流程、控制措施、投入资源、培训、方法、信息、材料和其他资源等，这样才能充分利用资源，缩短周期，以较低的成本实现预期的结果。

第五项原则，管理的系统方法。

任何一家企业都是由大量错综复杂、互相关联的过程组合而成的网络架构。要提高企业实现目标的有效性和效率，必须对过程网络实施系统管理。

系统管理，包括明确顾客的需求和期望，建立企业的质量方针和目标，明确过程以及过程的相互关系和作用，明确人员职责和资源需求，确立过程有效性的测量方法并测量现行过程的有效性，防止不合格产品的出现，寻找改进机会，确立改进方向，实施改进，监控改进效果，评价结果，评审改进措施和确定后续措施等。

第六项原则，持续改进。

科技在进步，生产力在发展，人们对物质和精神的需求也在不断提高，企业面对的市场竞争也日趋激烈。企业只有不断调整自己的经营战略，制定适应形势变化的策略和目标，提高企业的管理水平，才能适应残酷的生存环境。

持续改进是企业必备的一种管理理念，是一种持续满足顾客要求、增加效益、追求持续提高过程有效性和效率的活动，是企业的价值观和行为准则。它包括认识现状，确立目标，寻找、实施和评价解决办法，测量、验证和分析结果并纳入文件等活动，其实质是一种 PDCA 的循环。

第七项原则，基于事实的决策方法。

活动的成功离不开实施之前的精心策划与正确决策。而决策的依据，应是准确的数据和信息，即决策应是基于事实分析而得出的结论。

基于事实决策，首先要求对信息和数据的来源加以识别，确保获得充分、准确的数据和信息，并将得到的数据正确地传递给使用者，使其进行决策并采取措施。

第八项原则，与供方互利的关系。

供方（供应商）提供的产品对企业向顾客提供的产品的质量的好坏起着决定性的作用。企业只有把供方（还包括协作方、合作方）看作企业经营战略同盟中的合作伙伴，才能形成共同的竞争优势，实现成本的降低和资源的优化配置。

因此，企业在形成经营和质量目标时，应对供方加以识别、评价和选择，处理好与供方或合作伙伴的关系，加强联系和沟通，采取联合改进行动，并对其改进成果进行相应的肯定和鼓励，从而达成良好合作，互惠互利。

笔者箴言　　遵循一定的质量管理原则，并根据现场质量的实际需求来实施，可最大限度地做好质量管理工作。

思考题：

1. 质量管理的原则是什么？

2. 如何理解和应用质量管理原则？

六、树立"用户至上"和"零缺陷管理"的理念

我们不仅要坚持质量管理原则，还要树立"用户至上"和"零缺陷管理"的理念。"用户至上"可以从以下三点理解：

第一，用户创造质量概念。质量的好坏不是老总说了算，更不是检验人员说了算，是用户说了算。用户是产品质量的评判者、监督者，也是产品质量的创造者。用户说好才是好！

第二，用户满意。一切为了用户的满意是质量管理的宗旨；取得用户满意的第一步是要识别用户的需求；第二步是要不断地超越顾客期望，持续改进过程，

为顾客增值，让顾客满意和惊喜。

第三，下道工序是用户，每个工作、每道工序和每项操作都是整个价值链中的一个环节。无论服务的对象是内部员工还是外部用户，每个人的工作都是为最终用户服务的。为用户提供优质的产品和优质的服务，是每个员工应尽的义务。

谁是我的用户？用户观念原则：我们是提供者，也是用户。张瑞敏说过："一个产品被淘汰，并不是被你的竞争对手淘汰的，而是被你的客户淘汰的。"

正确的客户理念：用户至上、用户第一、市场竞争是赢得用户的竞争。只有用户满意，企业才能生存。

今天的质量就是明天的市场。用户就是企业的衣食父母，用户满意是企业永无止境的追求。要在我们的工作中做到：不生产不良品、不接受不良品、不提供不良品，如图 1-6 所示。

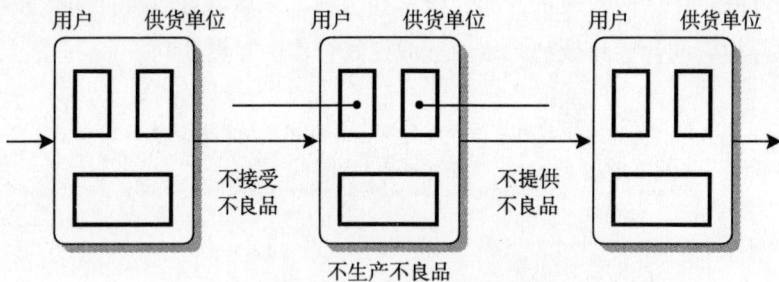

图 1-6　我们在工作中要做到

被称为当代"世界质量先生"的菲尔·克劳士比先生提出：要想把"用户至上"理念深植心中，就必须有"第一次就把事情做对——零缺陷管理"的理念。

菲尔·克劳士比是 20 世纪最著名的质量管理大师，在近半个世纪的时间里，克劳士比以不同凡响的管理哲学，在美国乃至全球掀起了一场质量革命。他首创的"零缺陷"的理念至今仍是无数企业的文化导向。

美国《今日培训报》曾报道："克劳士比持续地占据着质量管理领域的支配地位。搞质量管理，不懂克劳士比将是一件不可思议的事情。"

首先要树立零缺陷管理的意识。

要树立零缺陷的意识，就要先定义什么是缺陷。我们说，未满足预期或规定用途的要求叫缺陷。每个员工应知道"价值链"的概念；要明白产品质量由一个一个工作环节组成。假如一条流水线上有 20 个步骤，每个步骤的正确率达到

99%，那么最终正确率将不到82%。

99.9%的正确率意味着什么呢？首都机场每天有一架飞机失事。每小时有16000个邮件丢失。每星期做错500例外科手术。每人每年心脏停跳32000下。

有时讲课讲到这里，会有学员说："老师我们没办法做到零缺陷，而且我们也没必要做到零缺陷。"

案例
不是做不到而是没有"意识"到

我在推行零缺陷管理时也遇到过这个问题。有两个工厂厂长和生产经理来找我，说："黄总，我们没办法实现零缺陷，也没必要做到零缺陷。"我很难说服他们。这时财务突然打来电话，问我能否明天提前发工资？我立刻就有了主意，我对这两个同事说："你们先回去，明天下午1点30分我们在第一会议室讨论这个问题。"

没想到他们第二天下午1点钟就来找我。我说："你们把零缺陷的问题想好了？"他们说："我们可不是来谈零缺陷的，我们是来告状的。"我说："你们堂堂的厂长、经理还告状？难道你们遇到了什么解决不了的事情？"他们说："刚才领工资时，张会计明显少给了工资。他还不承认，还说有意见来您这里告状！"我当时一拍大腿说："这个事赖我，赖我，不能赖张会计。"他们问怎么赖我？我说："你们昨天走后，我左想右想，上想下想，零缺陷真是太难了。所以今天早上我通知张会计，对你们实行80%制度。也就是说你今天去银行存钱，存了1万元，下个月取钱时，银行说，没有，你只有8000元，你怎么要取1万元？账上没有呀！为什么？因为银行的工作人员也没办法做到零缺陷，你们要求工资零缺陷，而你自己的工作不实行零缺陷，可能吗？"经我这么一说，大家才逐渐统一了认识。

100 − 1 = 0，1%的错误导致100%的失败。1%的不良送到客户手中就是100%的不良。生产工序上任何一个环节出问题，都会使我们全部的努力白费。

无论是在工作中还是在生产产品的过程中我们都要向100%合格的方向努力，99%还是不够好。

去年我到浙江给一个企业做第三次培训。培训前他们老总带我参观他们正准备投产的新厂，一看确实比老厂要强很多，特别是目视管理做得很好。不过，走到最后面，我就皱眉头了。老总问我怎么不高兴了？我说："我发现你们的观念还是有问题。"他说："我们的观念有问题吗？我可是完全按照你的意思做到了：有图必有物，有物必有区，有区必挂牌，有牌必分类；按图定置，按类存放，账（图）物一致。"我说："你看车间最后那排牌子挂的是什么？那里挂的牌子是'返工区'，这是不是告诉员工这样一个信息：是允许返工的。你设了这么一个工序，肯定要安排工作人员。但如果没有返修品，他们是不是没事干了？而生产线上的人这么忙？前面生产的员工看见这里的人没事干，大家心里就会嘀咕：那几个家伙没事干，我们搞几个返修品给他们玩一玩。是不是这样呢？所以，你就不应该设立'返工区'，要扭转大家的观念呀。"

还有一次，去年年底有一家空调厂请我去做培训。生产经理跟我说："黄老师，你下次真的别买日货了，要买国产的品牌，我们毕竟是民族品牌，你得爱国。"我说这个理由不行，你再给我一个理由。他说："听过您的培训以后，我们厂的质量及现场管理上了一个层次。我们决定从2005年1月1日起学海尔，实现24小时服务，你就放心好了。"你猜我怎么说？我说："你这么一说，我更不买。"他说为什么？我说我要求的是零服务，否则我买了你的产品，你的服务虽然好，但老坏，你不烦，我烦啊！

如果一个产品总是坏，服务再好也没有用！所以，还是要把基础的管理工作做好，不要只做表面文章。

树立了零缺陷管理的意识，如何才能做到零缺陷管理呢？

第一，"人的质量意识" + "零缺陷的装置"。引进的设备是先进的，但要靠人去操作。许多事故的产生主要是由人为因素造成的。所以我们在整个生产过程中每道工序至少应有一个零缺陷装置，操作员必须对本工位上零缺陷装置的有效性进行验证，将整个生产的人为差错降低到零。

第二，将"'预防在先' + '零缺陷管理' = 0"的思想贯穿于产品质量管理的全过程。产品质量管理应从源头抓起，使产品在生产过程的每一个环节中可能出现的差错和缺陷逐步降到零。把好产品质量的第一关，即产品先期策划阶段。在设备选型和工艺装备设计时，运用FMEA方法预防故障的发生。

生产制造过程中创建"绿色工序"，即对工序的各要素制定严格的标准，并严格按工作标准操作，采取预防措施，控制可能引发质量问题的因素。

> **笔者箴言**　所有的产品最终都要到客户手中实现其价值，所以产品的生产者要时刻以客户为中心来实施质量改善，这其中零缺陷意识的建立必不可少。

思考题：

1. 如何理解"用户至上"理念？

2. 为什么要树立"零缺陷管理"意识？

3. 如何做到"零缺陷"管理？

七、班组长的质量职责和作用

日本质量神话的创造者、美国著名质量管理学家戴明曾提出：在出现的质量问题中，工人的原因只占到20%，而80%的原因在于管理者，在于体制或制度。

为了说明这一点，他专门做了一个著名的红珠试验：在800颗白色珠子里混入代表缺陷的200颗红颜色的珠子，来共同组成一个系统。然后，让一些人扮演管理者，一些人扮演工人。管理者要求工人每次从中取出一定数量的珠子，红色的珠子不能超过4%。结果无论管理者对工人实施怎样的奖励或惩罚，都无法达到要求。

戴明用这个实验说明，很多质量问题，原因不在于工人，而在于管理者，在于系统，在于体制。

这个实验简单又发人深省。不仅在质量管理上，而且在其他领域，研究一些现象、解决一些问题的时候，除了要考虑其所处的环境、体制和系统外，更重要的是管理者要明确自己的职责。

案例

谁的责任？

为了更好地与竞争对手在市场上进行角逐，某公司决定对生产现场进行质量管理改善工作，具体的改善工作由班组长直接负责。小李是一组班组长，根据改善内容，小李要带领该班组的技术人员对某道工序进行质量改善。为了更好地完成工作，小李和技术人员查阅了相关资料及改进方案，最终确定改善方案。

由于改善工作需要在停机状态下进行，所以小李要求班组所有人员下班后准时停机。正当小李和技术人员准备实施改善方案时，第一道工序的机器突然启动。原来这台机器有故障，这几天小李一直忙着手头的事情，忘记通知维修部门来检修了……

班组长是实现班组质量目标、开展质量控制的核心人物。班组长要对各个过程中的质量负责：明确每个成员的质量职责、权限、工作内容，在班组中建立一套质量管理机制；确保产品加工质量，保证班组成员能在每天的工作中遵照质量控制作业单；定期检查以防止不良品的产生；解决现场的质量问题，对生产现场突发性质量问题及统计分析中发现的异常情况进行分析和处理；组织有关人员制定纠正措施和预防措施，并监督措施的有效实施，避免问题再次出现。

班组长要将质量信息以一种可理解的方式传递给每个员工，评估成员质量认知的水准，在成员质量培训方面提出具体要求。

现场质量管理要求：不接受一个缺陷，不产生一个缺陷，不传递一个缺陷。

在一个班组中，唯有班组长对质量有正确的观念，肯定质量管理的价值，率先积极参与和承诺，并推动下属坚持不懈地执行和改进，才能达到"不接受一个缺陷，不产生一个缺陷，不传递一个缺陷"的现场质量管理的要求。

克劳士比说过："追求质量已是一种管理的艺术，如果我们能建立正确的观念并有效地执行质量管理计划，就能防止不合格品的产生，使工作效率提高并且充满乐趣，不会为整天层出不穷的质量问题而头痛不已。"

笔者箴言　　班组长是一线质量管理的直属领导者，其一言一行都对现场质量有着直接影响。所以班组长务必对现场质量管理投入大量时间与精力。

思考题：

1. 为什么要明确班组长的质量职责？

2. 班组长的质量职责及其作用是什么？

第二章　勿以善小而不为
——提高质量的五大因素

本章提要：

▶ 杰出人员和平庸人员的差距

▶ 制定设备和设施的操作规程

▶ 做好物料的清点和保管

▶ 确定工艺和作业方法

▶ 创造整洁有序的工作环境

我们每一个企业要在激烈的竞争中提升创造力就犹如登山，每一次攀登，都是从最低的山脚做起，而当你登上山顶时，山脚下的人看到的是你高不可及的背影，但你看到的却是一座更高的山峰。

人不可能无休止地登上一座又一座高峰，只要抓住每一个可以攀升的"基点"，心中充满期望，就能拥有战胜一切的力量，终有一天会站在属于自己的巅峰之上。

一、人

今天的人类已经过上亿年的进化和演变，区别于动物之处不仅是能制造生产工具，更重要的是人类自身具有无穷的创造能力，拥有征服自然的力量。

"神七问天"的成功已证明我们当前正逐步走向太空的探索和研究，但科研事业好像离我们较远一点，那我们今天就从工业制造来浅谈一下员工在工业生产中对产品质量的重要性。

"质量"相对于企业而言，如同"爱情"相对于小说，是一个永恒的主题。没有质量的企业必将一败涂地，这就如同没有爱情描写的小说无法让人觉得韵味十足。有质量的产品，必将不断地推进和提升企业的知名度、信誉度。然而，质量是人的活动，是生产者和高素质相互作用的总和。

职工是企业的主人，质量是企业的生命。给予职工关注就是给予质量关注，就是给予企业更多的关注。

张瑞敏说过："海尔的国际化战略能否成功，主要取决于每一个海尔人的国际化程度，有了每一个人的国际化才能保证海尔集团的国际化。"

然而，现在不少的企业，似乎还没有认清这层关系，并不重视调动生产工人抓质量的自觉性，而是仅仅靠职能部门去检查产品的质量。

有位名人曾说过："一个产品，每道工序、每个环节都可能出现质量问题，如果产品的生产者缺乏自觉的把关意识，只靠质检部门来抓，既力不从心，也很容易顾此失彼、挂一漏万。"

张瑞敏说过："经营企业就是要经营人，经营人首先要尊重人。"

福建有一个企业，建立了一支由职工代表组成的质量督查队伍，由这些职工代表来为企业产品质量"把关设卡"、"站岗放哨"。

这一改常规的举措，让职工立刻拥有了成为质量主人的想法，调动了职工抓质量、管质量的积极性。于是，整个企业质量管理的水平比以前有了明显的提高。

看来，企业如果让职工在质量管理中真正处于主人的地位，确实可以起到事半功倍的效果。

产品质量虽然是展现在用户面前的可以看得见的有形之物，关系到整个企业的发展、壮大和成功，但真正的"幕后操作者"却是种种无形的质量观念。它们深植在每一个员工的心里，渗透在每一位员工的工作当中，无论是生产，还是营销；无论是采购，还是服务……每个产品、每个岗位、每道工序、每个环节都需要企业员工强烈的责任心和充满真诚的行动。

企业的成功取决于员工的努力，企业的品质取决于员工的素质。只有高素质的员工才能制造出高质量的产品。

一个企业通常有四类员工，即核心型员工、特殊型员工、通用型员工和搭配型员工。

如果企业的核心型员工能够占员工总数的 20%，那么，这 20%的员工将推动着企业另外 80%的人前进。

这是因为一个企业的核心型员工通常具备以下几种素质：有较好的人格修养和职业道德；有比较出色的才能，具备核心竞争力；对公司理念、价值有比较高的认同度，起到模范带头作用；关注公司未来的发展，投入真情。

2005 年，宝康集团开始了其成功道路上的"猎才"之旅，年薪 10 万元挖人才。当时，在秦皇岛这样的市场上也是一个先例。

最终，宝康集团凭借尊重人格、恪守道德、开拓进取、追求卓越个性的企业文化原则，以务实、创新、高效的企业精神，依靠相互尊重、相互信任、目标一致、团结参与、和睦温馨的良好工作关系，聚集了一批业内专业人才。

宝康集团的傅总说："只有拥有优秀的员工并帮助员工超越自我的企业，才能成为最优秀的企业。"

现在，企业的职工对优胜劣汰的市场竞争是深有体会的。没有质量就没有市场，职工对抓好产品质量的愿望是很迫切的。

企业要充分运用员工们的聪明才智，力求让每个员工都参与企业管理，让职工自觉地把自己当作质量的主人，配合职能部门共同把产品质量监督检查工作落到实处，使职工企业主人翁意识得到最直接的体现。而一个企业，只有拥有了这样的职工，才有可能在激烈的市场竞争中，赢得更多的市场份额。

我们都听说过木桶效应：如果要使木桶的容量最大，就必须让每块板的长度相等，如果构成木桶的木板长短不一，那么木桶的最大容量则由最短的木板来决定。

那么，对于企业而言，决定企业产品质量的关键因素是什么？在企业的组织结构中，每一项组成因素，每一位员工都相当于"木桶"中的木板，如果其中有一位员工有"长度"缺失或者有品质缺失，企业的产品质量，甚至是整体品质就不言而喻了。

任何产品都必须达到顾客所要求的质量水平，否则就不能实现其使用价值，甚至会给消费者和社会带来损失。因此，企业必须不断强化全体员工的质量意识，才能使产品的质量达到顾客的期望。

我们都知道，生产过程是在人的控制下完成的，人是影响质量最关键的、最直接的因素。员工质量意识的强弱，决定了产品质量的高低。一流的企业必须拥有一流素质的员工，一流素质的员工才能制造出一流的产品。也就是说，好员工是生产制造好产品的前提，产品的质量是折射生产者的一面镜子。

戴明说过："质量不是来源于发现问题后再改进，而是来源于改进生产过程，如果员工受到伤害，那么其积极性就会受损，提高质量便无从谈起。"

案例

"人才第一"理念

韩国的优秀企业大都以"人才第一"为基点，采用科学的人力资源管理制度，通过建立企业内部的研修院或利用产业教育机构培育了大量优秀的员工。

韩国的成功企业非常重视企业中的人和团结精神，一些专业性比较强的大企业和中小企业为了拥有自己专业的技术职工，积极致力于创立能够反映员工创造性建议和意见的企业文化，还建立了相应的员工储备系统，有的企业从销售额中提取一定的比例进行继续教育投资，培养每个员工的主人翁意识。此外，韩国的优秀企业还普遍重视将员工送往海外研修工作，以促进员工的自我开发。

三星集团的创始人李秉哲会长生前就主张对三星的员工实行"国内最高待遇"，并且信奉"疑则不用，用则不疑"的信条。为此，他将韩国1000多年的儒教圣地成均馆大学变成了三星集团的电子产业人才定点培训基地。

三星公司采用了公开招聘录用制度，新员工一旦被公司录用就要接受三星公司彻底的培训，并且每月召开一次的经营计划会议必须有工会代表参加，将公司所有的经营情况向员工全部公开，并向会员说明企业的现状，以消除劳资不信任的阴影，建立良好的相互信任关系，目的是使之成为"三星之星"。

三星公司在"企业即人"的创业精神指引下，坚持"能力主义"、"适才适用"、"赏罚分明"等原则，有力地推动了三星企业的发展。

为了挖掘企业员工的潜在能力，除了三星集团建立的综合研修院外，东洋制果公司的"好丽友家族会议"、东洋证券公司的"青年理事会制度"等都是企业的最高经营者直接听取员工意见和建议的制度；LG集团通过设立"人事咨询委员会"、"人才开发委员会"等机构，对员工进行系统的培育；东洋水泥公司的"一起向前运动"，是由工会组织的经营革新运动。这些公司也分别建立了自己的研修院，并通过海外研修等形式对员工进行有效的教育培训。

身为一线直接领导者的班组长必须从以下几方面做好质量意识的强化工作：一是时刻强化自己的质量意识，并定期参加企业开展的各项质量培训等；二是对班组成员进行质量意识教育，并配合适当的文化宣传；三是对上岗人员进行严格把关，坚持持证上岗；四是建立相应的奖励制度，激发员工参与质量监管活动。

我们企业的员工就像赤、橙、黄、绿、青、蓝、紫这七色光谱合成白色阳光一样，让企业的文化彼此渗透、互相融合，他们带给企业的是光明的未来。

路漫漫其修远兮，打造国际化企业任重道远，仅仅依靠某个领导的力量是不够的，它需要大家的共同努力，需要企业员工的协作精神。企业就像一台机器，无论失去哪个部分，都不能正常地运转。

树欲静而风不止，一个企业就像一棵树，真正有生命的企业是因为有着厚重的质量基础作保证的，一个企业的质量形象是靠每一位员工精心打造出来的。一流的员工，打造一流的质量；一流的质量，打造一流的产品；一流的产品，成就一流的企业。

笔者箴言　人，是现场活动的基础，只有将不同层次的人员进行合理有效的组织，才能高效确保质量管理的良好管控。

思考题：

1. 员工对质量的重要性体现在哪些方面？
2. 韩国企业是如何成功的？

二、机

很多企业在激烈的市场竞争中，往往分不清自己最强大的对手是谁，很容易把矛头指向同行中人，密切关注对方的一举一动，甚至对方一出手，便立即反应，深恐错失市场机会。殊不知，在残酷的市场竞争中，一味关注竞争者，重视市场占有率，或一再压缩产品利润来争取市场，不但过程辛苦，而且能否成功也是一个未知数。

其实，最强大的对手不是企业的竞争者，而是企业自己。我们要把所有的时间都放在提高产品的质量上，紧紧围绕"降低生产成本，提高产品质量"这一主题，真抓实干，增强企业竞争力。正所谓"与自己竞争才能超越自己"。质量是企业的生命，企业要以高质量的产品去赢得用户，以优质的服务去开拓市场。

如果说质量是企业的生命这一点已经无可质疑，那么，机器就是质量的生命。譬如，我们要印刷高质量的产品，那印刷机器的干燥温度必须要达到，刀的角度必须不能调节，导管必须水平，张力必须稳定，导管上不能出现污垢。而这些因素一旦达不到标准就会影响产品的质量。

如果我们的生产设备因故障而停止工作，这将给企业带来巨大的损失，对我们企业来说无疑是一件非常糟糕的事情。所以机器的正常运转是提高产品质量的根本保证，而适时进行设备维护保养则是避免这类意外造成损失的基础。

有一项关于设备维护和保养的调查显示：每年欧洲企业用于设备维护保养的资金总额约为 15000 亿欧元，其中的 40%用于维护保养原材料，60%用于支付人工费用。在欧洲，直接从事设备维护保养的从业人数为 1000 万左右，间接从事工业生产设备维护保养的人数约为 3000 万。

企业的生产设备是企业生产最基本的工具，只要保证设备的正确维护和保养，保证生产设备设施的完好性、安全性、可靠性，才有能力保障生产的稳定性、安全性、连续性，才有可能生产出高质量的产品，由此可见加强对生产设备维护保养的重要性（见图 2-1）。

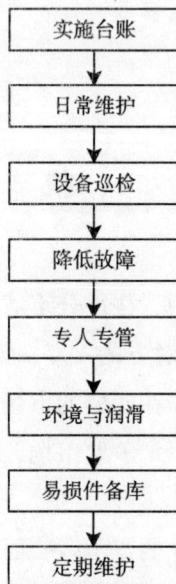

图 2-1　生产设备的维护与保养工作

对生产设备的维护保养工作主要有以下几点：

第一，建立健全设备实施台账。台账就是明细记录表，没有固定的格式、账页，是企业为了加强某方面的管理、更加详细地了解某方面的信息而设置的一种辅助账簿。

企业可根据实际需要自行设计，尽量详细、全面地反映设备维护保养方面的信息，不必按凭证号记账，但能反映出记账号更好。

具体在设备的维护保养中，台账可详细记录设备名称、设备型号、设备参数、设备数量、设备采购日期及设备生产单位、设备使用说明书、设备装配图纸、设备使用范围及所配属岗位等与设备相关的资料。其实，再说得明白一点，台账就是流水账。

第二，设备的日常保养和维护。首先，操作工人在生产中必须做到：生产前对设备进行润滑，对传动机构、操作系统等进行检查；生产中严格按操作规程使用设备，发现问题及时处理。其次，将工厂的设备保养与维护工作按所属岗位分别落实到个人，实行专人专管。要认真清扫擦拭设备，保持设备清洁，定期对设备进行彻底清扫、润滑，按照"整齐、整洁、润滑、安全"四项要求进行维护。

第三，机电维修部门必须经常对设备进行巡检，牢记设备维修的"三好、四会"，对设备可能出现的故障要有充分的预见性，防患于未然。

"三好"即"管好、用好、修好"设备，"四会"即"会使用、会保养、会检查、会排除故障"，根据设备使用情况及设备使用要求对设备进行半年检或年检工作。

第四，在生产过程中，以"五感、四级、三检"降低设备故障发生率。"五感"是设备管理人员和维护保养人员在巡检中，用人体的感官对运行中的设备进行"听、摸、查、看、闻"，用"看其表、观其形、嗅其味、听其音、感其温"的方法对重点部位进行检查，判断和分析设备的故障隐患。

"四级"是公司、车间、班组、员工对设备的四级检查。

"三检"是公司机动部及车间的月检、设备专业管理人员的周检、维修工和岗位操作人员的日检。

第五，制定专人专管制度，即必须由专人操作存在一定危险性的设备，如高温、高压、高速的机器设备，而且巡检工作也必须加强，防止出现任何安全事故。

第六，确保设备的使用环境，抓好设备润滑的"五定"、"三级过滤"。设备的使用环境必须干净、干燥，防止设备电器元件因工作环境而受潮导致短路或烧废。

润滑是设备维护保养的重要方法，必须做到"五定"即定人员、定时间、定注油点、定油量、定油质；"三级过滤"即大桶到小桶、小桶到油壶、油壶到设备的润滑点。

在设备集中的地方设立四个润滑站，配备和完善润滑工具，做到点点有人管，事事有专责。

第七，设备易损配件的备库。对设备的易损配件根据其使用周期及使用寿命的长短制定其相应的库存方案，各有充足的备库。防止出现设备因易损配件的缺失而对生产造成影响。

第八，坚持做到定期维护。通过定期维护，可以及时发现设备的缺陷和隐患，防止设备带病运转。

设备的维护保养已成为了一个重要的"质量"元素；生产设备的维护保养已成为了企业质量管理中的重要环节；设备维护保养知识已成为了生产过程优化和资源管理的核心环节。过去，设备维护保养是为了减少损失；现在，设备维护保养是为了提高产品质量。

设备是企业之母，我们为了确保生产顺利进行，打造出符合顾客需求的全优产品，必须认真搞好设备维护保养。

笔者箴言 只有对设备实施正确的维护与保养，才能保证设备的安全性和完好性。质量是企业的生命，设备是质量的生命。

思考题：

1. 为什么说设备是质量的生命？

2. 如何做设备的维护保养？

三、料

拥有了高素质的员工，维护保养好机器，但是，如果我们没有好的物料，同样也生产不出高质量的产品，因为这三者相辅相成，缺一不可。可以这么说，质量是企业的生命线，而组成产品的物料的质量好，最终产品的质量才可能好。

物料是原材料的简称，包括原料和材料，而企业的物质资料是指在生产制造过程中，所消耗的各种外购的生产资料，如原料、辅助材料、外购半成品、修理用备件、包装材料、燃料等。

一般企业都有几十甚至几百种产品，而所需要的物料高达两三千甚至四五千种。物料种类、型号、规格的繁多往往让每一个企业都感到"头痛"。根据订单的需求，我们需要明确物料要多少？有多少？缺多少？准确库存数到底是多少？等等。

如果其中任何一个问题未能解决，所生产出来的产品会是高质量的产品吗？我们的客户会相信吗？我们的消费者会愿意去购买吗？

所以说，物料的质量管理是生产管理中难度较大的一环，是生产、品质管理的主线。

物料的质量管理是指物料所属的企业为了保证产品质量，不断提高物质资料供应水平，满足客户和消费者的期望，保证生产建设和市场需要而进行的系统管理活动。

物料管理概念不是我们凭空想象出来的，它起源于第二次世界大战时航空工业出现的难题。

我们都知道，生产飞机需要大量单个部件，这些部件不但非常复杂，必须符合严格的质量要求，而且其采购区域和供应商也非常分散，很多部件对最终产品的整体功能至关重要。于是，物料管理就应运而生。

后来，计算机被广泛引入了企业，更进一步为实行物料管理创造了有利条件，物料管理的作用发挥到了极致：可以防止不符合产品标准的物质资料进入流通领域，防止社会不要的产品和不符合规格的产品进入流通领域，防止物质资料在流通领域内部的周转过程中质量变质，防止劣质物资供应给用户。

一般来说，物料管理是从原辅料、包装材料供应厂商的确认开始的。物料管理主要包括以下内容，如图 2-2 所示。

第一，物料的计划和控制（见图 2-3）。首先，我们应根据与客户签订的交货时间表和产品技术文件等确定物料需求计划，选定物料供应厂商，对供应厂商提供的样品进行检验，根据实际情况控制物料采购进度和采购数量；其次，还需对供应厂商进行现场生产、质量管理条件的审查，要求其必须达到企业规定的一切标准。

物料的计划和控制

↓

采购的计划和控制

↓

物料和采购的研究

↓

来料质量的控制

↓

物料的储存保管

↓

坚持先进先出的原则

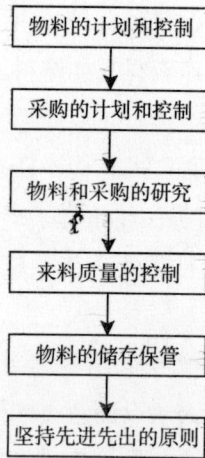

图 2-2　物料管理的内容

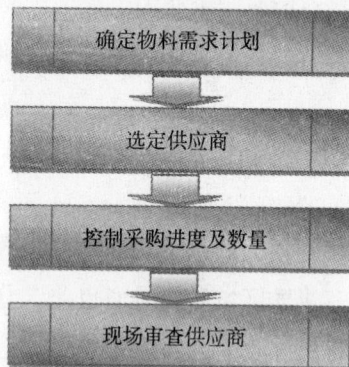

确定物料需求计划

选定供应商

控制采购进度及数量

现场审查供应商

图 2-3　物料的计划与控制

第二，采购的计划和控制。首先，根据与客户签订的交货时间表和物料采购进度制定车间生产计划；其次，根据实际生产情况对所需要的物料进行准确的分析，在进料及投产时保证物料的规范和质量；最后，对现场使用的各种物料的质量进行明确的规定，如零配件品名、型号规格等，严格地控制供应商的交货期和交货数量，使车间生产计划与客户签订的交货时间表保持一致。

第三，物料和采购的研究。首先，收集、分类和分析必要的数据，对易混淆的物料进行明确的标识，如物料的牌号、品种、规格等；其次，对供应商的能力和主要外购物料的价格进行预测和分析，以确保物料的可追溯性；最后，开发新的、更为有效的数据处理方法，在加工流转中做好标识的移植，从而使物料系统更加高效地运转。

第四，来料质量的控制。首先，物料成批到货后，要对供应商所交的货物及时进行来料检查，核对交货单的内容与发货清单所列明的内容，并对每种产品的数量进行严格清点；其次，核对来料的质量，如发现物料的品种、型号规格、数量等与发货清单不符，应立即通知相关部门处理，以便使供应商有足够的时间处理或补发物料，保证车间及时得到物料供应，并保证发送到车间现场的物料全部是合格产品。

第五，物料的储存保管。首先，要坚持办理物料的实际接收、入库手续，保证手续齐全，做好物料在储存、搬运过程中的防护工作，配置必要的工位器具、运输工具，防止磕碰损伤，做到准确无错漏；其次，对接收入库的物料用正确的方法进行保管、储存，必须保证包装完好整齐，不破损，对储存过程中可能变质或腐蚀的物料，应按一定的防腐蚀和变质的方法进行清洗、防护；最后，采取预防措施，定期检查物料库存状况，避免自然因素对所储物料的影响，随时掌握库存变化情况，发现任何异常（包括呆滞料、库存积压或零库存）情况，及时向有关部门通报。

第六，坚持先进先出的原则。首先，对有储存期限要求的物料做好标识，要考虑先进先出，对超出保质期限的物品及时开具送检单交品质部重新检验；其次，堆放合理安全，所有仓储物件应按品种、规格、型号分类存放，做到过目见数、清点方便，不堵塞通道；最后，严把出库关，确保不合格物料不投产、不合格在制品不转序。

物料安全，是生产要素不变质的重要前提，而不变质的物料则是保证生产高质量产品的"基因"。

案例

从源头做起

随着人民生活水平的提高，手机行业消费日益旺盛，普及率逐年上升。根据信息产业部统计，2004 年我国移动电话用户达到 33482.4 万户，比 2003 年增加 6487.1 万户，移动电话普及率为 25.9 部/百人，2005 年移动电话普及率进一步提高，达到 30 部/百人。

而中国消费者协会投诉统计显示，2004 年全国消费者对手机的投诉达到了 7 万多条，其中质量问题占 80% 左右，手机投诉占投诉总量的 9.6%，高居投诉榜首。

手机生产厂家的竞争日益激烈，然而，诺基亚公司作为一家"百年老店"，却在"激烈的战斗"中基业常青。为什么诺基亚公司可以在竞争激烈的手机市场中"独领风骚"、"一骑绝尘"呢？

一位管理大师曾经说过，质量是一个永恒的主题。回顾诺基亚公司的成长史，实际上是一条坚持质量第一的发展之路。

多少年来，千千万万成功或失败的企业孜孜追求的无不是卓越的质量，但它们或因质量功成名就，或因质量一败涂地。

产品的生产是一个复杂的系统工程，尤其是对手机这样的高科技产品来说更是如此。据介绍，一部手机有几百个零配件，而零配件供应商分布世界各地。假如某一个供应商提供的零配件有问题，即使生产企业拥有再多高素质的人才，再多国际化的先进设备，也终将功亏一篑。

诺基亚公司清楚地认识到了这一点，并把质量的源头——供应商作为诺基亚公司不可分割的一部分，甚至把质量监测和管理延伸到供应商，使供应商提供的零配件、原材料等合乎诺基亚的质量要求。

可以说，共赢的纽带通过质量把诺基亚公司与供应商紧密地连在了一起。这不仅是一个完整的产业链，同时也是一个共同体。

诺基亚公司生产用的关键物料全部实行全球采购，统一配送。除部分标准器件外，其他物料均由诺基亚研发中心自行开发设计，并由诺基亚公司认可的合格供应商制造并供应。

诺基亚公司对供应厂商的选择全部按照全球通用的程序和标准严格进行：首先，对供应商的品质管理、生产运作管理、供应链管理、产品开发设计过程、产品责任、厂房设施、环境管理和风险管理等方面进行详细、全面的评估和认可；其次，从供应厂商到诺基亚工厂的现场作业流程均须经过诺基亚专业人员的审核和认可；最后，对供应商提供的涉及安全性能的元器件，供应商必须严格按照相关国际标准和诺基亚提供的技术标准进行 100% 测试并抽样进行可靠性试验，如电池、充电器等。

诺基亚作为一家"百年老企"，之所以能够基业常青，与其产品具有卓越的质量是分不开的。

总之，组成产品的物料质量好，最终产品的质量才可能好。加强物料质量的管理，是提高企业经济效益不可缺少的途径；加强物料质量的管理，是保障用户经济利益的基础；加强物料质量的管理，是促进生产企业提高产品质量的"基因"；加强物料质量的管理，是保障人民身体健康和生命安全的前提；加强物料质量的管理，是提高企业的信誉和经济效益的保证；加强物料质量的管理，是打进国际市场并保护国家经济利益不受损失的法宝。

笔者箴言 直接影响产品质量的基本因素就是物料质量，所以管理者务必有效控制好物料质量，一定要做到把好采购、检验和使用等关口。

思考题：

1. 什么是物料？

2. 如何储存保管物料？

四、法

在西方经济学的生产理论中，"在技术水平不变的条件下" 可以说是我们经常会看到的一个假定，而且很多问题在这个"技术水平不变"的假设条件下，似乎都顺理成章。

但是，在"技术水平不变"的幕后究竟隐藏着什么呢？

要打开这扇神秘的大门，我们首先要从"技术水平"一词的解释入手。通常技术是指技巧，技巧就是技艺，技艺代表了艺术，而艺术不正是工艺——工作的方法技巧的体现吗？

班组长抓质量的方法可谓多种多样，概括地讲，要抓员工、管设备、保物料、讲工艺等。但这些均需围绕一个中心——方法，突出一个重点——质量，因此，要提高产品品质，降低物质消耗，获得更高的经济效益，就必须狠抓生产质量管理，尤其是工艺方法管理。

工艺方法包括工艺流程的安排、工艺之间的衔接、工序加工手段的选择、工艺装备配置的选择、工艺参数的选择和工序加工的指导文件的编制等。

工艺方法是产品生产的主要依据，体现了企业的生产方针，是产品优质高产的决定因素，是经济低耗高收益的保证，是工人在生产中正确进行加工操作的标准。

当我们选用某个工艺技术方案时，意味着选定了一个劳动的投入水平。一个工人可以操作一台普通的设备，但是一个工人也可以轻松地同时操作好几台数控设备；十个人每人一台机床每天每人生产一件产品，但是，同样十个人十台机床组成流水线按照工序分工一天可以生产100件产品。

中华人民共和国机械行业标准《工艺管理导则 工艺纪律管理》中对工艺纪律管理的基本要求是：严格的工艺纪律是加强工艺管理的重要内容，是建立企业正常生产秩序、确保产品质量、安全生产、降低消耗、提高效益的保证。企业各级领导和有关人员都应严格执行工艺纪律。

工艺管理是一门有待深入研究和开拓的管理科学，是科学地计划、组织和控制各项工艺工作的全过程。

一方面，工艺管理具有解决处理生产过程中人与人之间的生产关系的社会科学的性质，贯穿了企业的市场调研、产品开发、生产技术准备、采购供应、生产制造、检验、销售和服务等生产经营的各个环节。

另一方面，工艺管理存在于将原材料、半成品转变为成品的全过程中，跨越企业的产品设计、制造工程、物流、动能设施、设备工装、生产计划、采购供应、质量管理、人力资源开发、财务等各个部门。

例如，世界驰名的奔驰汽车能保持高质量也不是偶然的，因为厂方对产品每一个部件的工艺管理都很认真、严格。即使不那么惹人注意的座椅，也毫不含糊。

首先，座椅的皮料一定要选择质量最佳的。于是厂方不惜一切代价到世界各地进行考察，最后将座椅的皮料确定为德国南部的公牛皮。但这只是一个小小的开始，厂方不但要求饲养人员在饲养过程中必须保持良好的卫生习惯、防止牛出现任何伤害和疾病，以保证牛皮不受损害，而且在收回制作、染色的过程中，还必须要求要由专门的技术人员进行操作。

其次，为了将面料制作得比较柔软舒适，厂方不仅要求纺织座椅面料的羊毛必须在23~25微米，而且一定要从新西兰进口，甚至在纺织时还要掺入从中国进口的真丝和印度进口的羊绒。

最后，你知道奔驰座椅上的皱纹是怎么熨平的吗？厂方要求必须由工人用红外线照射器把座椅上的皱纹一一熨平。

　　由此可见，单从制作座椅的这种认真的工艺管理态度中就可以想象奔驰汽车公司对整个产品的重视程度，也难怪奔驰汽车能够成为世界公认的高档车的象征。

　　工艺管理随着社会生产力的发展而发展，工艺技术和管理输出的大量信息，制造技术工作所实施的科学、系统的管理，制约着企业生产经营活动的正常运行和资源配置，在整个企业的管理系统中居于支柱地位，有着不可替代的作用。

　　那么，我们如何制定高效的工艺方法提高产品的质量呢（见图2-4）？

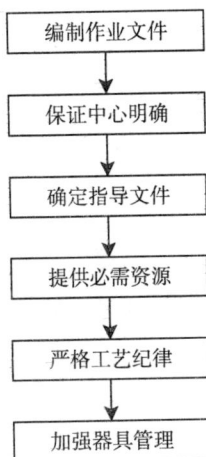

编制作业文件

↓

保证中心明确

↓

确定指导文件

↓

提供必需资源

↓

严格工艺纪律

↓

加强器具管理

图2-4　提高产品质量的方法

　　第一，保证定位装置的准确性，确定适宜的加工方法，严格执行首件检验，编制必要的作业文件。

　　第二，保证定位中心明确，选用合理的工艺参数和工艺装备，包括工艺流程、服务规范等，以防止加工特性值数据分布中心偏离规格中心。

　　第三，确保岗位人员持有必要的作业指导文件，并通过培训或技术交流等活动，加强技术业务培训，使操作人员熟悉定位装置的安装和调整方法，尽可能配置显示定位数据的装置。

　　第四，提供工艺所必需的资源，加强定型刀具或刃具的刃磨合管理，如对设备、工装、工位器具、运输工具、检测器具等，实行强制更换制度。

　　第五，严格工艺纪律，积极推行控制图管理，对贯彻执行操作规程进行检查和监督，及时进行调整，并坚持按图样、按标准或规程、按工艺的"三按"生产，落实自我检验、自己区分合格与不合格、自做标识的"三自"和控制自检合格率的"一控"的要求。

第六，加强工具工装和计量器具管理，配合管理部门完成测量任务并确定所要求的准确度，选择适用的、具有所需准确度和精密度能力的检测设备，使用校准过的并在有效期内的测量器具，检定或校准标识应清晰。

案例

30分钟＝30万支

2008年10月28日上午10点25分，某烟草工业公司卷包车间内，包装机机长陈康明正像往常一样聚精会神地看着从生产线上流过的每一盒卷烟产品。忽然，一盒没有封好透明纸的产品进入了他的视线。

"马上停机，进行排查。"陈康明果断地向机台人员发出指令。

机台人员立刻停下了正在高速运转的包装机，开始对已经装箱的500条卷烟一一进行排查。30分钟过去了，机台人员并没有发现其他不合格产品，机器运转也正常，他们这才重新开机生产。

"这次停机使我们机台的产量减少了30万支，消耗指标也有所增加，但为确保下线的每包卷烟产品都合格，我们绝对不能心存侥幸。"陈康明说。

为了提高产品质量，该卷烟厂从人、机、料、法、环五个方面强化质量过程控制，在生产过程中严格执行工艺标准，加强对工艺纪律的考核，提高操作者自检的自觉性，为车间组织生产提供完善的工艺环节。

由于车间内具有工序多、工艺流程复杂的特点，该厂围绕真空回潮、打叶、烘丝等关键工序，采取设立关键工序控制关的办法，实行厂部、车间、班组三级管理，制定目标进行动态控制，起到了以点连线、以线连面的作用。

该厂还建立健全了工艺和产品质量责任制，拓宽了产品质量检验的范围，每月在厂内销售库进行工业抽样，每季度在省内外主销区进行市场抽样，对产品质量进行自我评价，促进了产品质量的提高。

我国改革开放30多年峥嵘岁月，伴随企业的发展，工艺管理的巨变为企业经营做出了很大贡献。我们坚信：随着社会生产力和科技水平的飞速发展，工艺管理还会为企业做出更大贡献。

> **笔者箴言**　　制定高效的工艺方法，班组长必须从整个生产过程中的技术方案、工艺流程与衔接、组织措施以及检测手段等方面入手。

思考题：

1. 什么是工艺方法？

2. 什么是工艺管理？

3. 如何制定高效的工艺管理方法？

五、环

相信很多人都听过"孟母三迁"的故事。虽然故事很简单，但讲明了一个道理——环境造就英雄。孔子的"居必择邻，游必就士"，也说明了这个道理，良好的环境对人的成长和生活是十分重要的。

正像鲁迅说的："农家的孩子早识犁，兵家的孩子舞刀枪，秀才的孩子弄文墨。"只有接近好的人、事、物，生长在好的环境中，才能养成好的习惯！

人们只有生活在适宜的温度、湿度条件下，才可以保持旺盛的工作精力而不疲劳、倦怠；只有生活在清洁安静的氛围中，才可以集中精力思考问题；只有在空气清新的环境中工作，才可以精神愉悦，调动、激发全身的细胞，创造佳绩。

随着科学技术的发展，人们对环境越来越敏感，对环境的理解越来越深刻！

那么，产品的质量对生产环境状况有要求吗？答案是肯定的，不仅有而且要求也相当高，如商品必须在超净、无菌的条件下生产；化纤根据品种、加工工艺的不同必须在适宜的温度、湿度下进行生产；光盘必须在动态不超过 70dB、空气紊流不超过 60dB、层流不超过 65dB 的洁净室中进行录制等。

那么，到底什么是生产环境呢？

生产环境是指进行生产的地点，围绕或影响零件和产品制造和质量的所有过程条件，通常包括清洁整理、照明、噪声、HVAC、ESD 控制和与清洁整理有关的安全隐患。

2008 年，深圳梧桐山脚下的"爽之爽桂林米粉厂"产生了"安全隐患"，因为生产环境恶劣，严重地影响了米粉的质量，没有达到国家的有关卫生标准，最终导致了企业被查封。

人造环境，环境育人，生产环境是资源，同样也是生产力。

案例
揭秘法国香槟葡萄酒

很多人都听说过法国东北部马恩河谷的香槟地区有种已有 200 多年历史的香槟葡萄酒，这种酒不仅深受法国人喜爱，而且在全世界也享有盛誉。

那么，你知道这是为什么吗？是质量！

可能有些人会问："它是如何保证质量的呢？"法国的香槟葡萄酒之所以能够流芳百世，与环境因素是分不开的。

香槟地区位于巴黎以东 200 公里的地方。那里空气湿润，土质肥沃，含有丰富的石灰质及各种矿物质，如白垩易吸水，可保持土壤中的水分，有的矿物质易吸热，能使土壤保持一定的温度，有利于葡萄成熟。香槟地区的葡萄园大多在坡地上，可以避免春寒带来的霜冻。

为了保证质量和在国际市场的地位，法国政府专门颁布了法律，规定了"香槟葡萄"的种植面积和品种，任何人都不能随意扩大或缩小面积，不能改变品种，还规定只有用在规定的土地上种植的葡萄酿制而成的酒才能冠以香槟的商标。

法国的香槟葡萄酒正因为对葡萄的种植和对酒的酿造环境都有严格的要求，才保证了品牌的长盛不衰。

从上述例子中不难看出，大凡著名企业打造品牌或争创名牌都要抓住以下几点：一是企业要有创名牌、争一流的意识，并将此作为激励员工奋斗的目标；二是企业要有严格的质量管理标准，不能偷工减料或以次充好；三是对生产与服务过程要有严格的规定，每个程序都要按科学标准进行；四是要对产品和服务质量进行严格的检验把关，绝不让不合格产品流向市场。而要做到上述这几点，最重要的是要讲诚信，对员工讲诚信，对市场讲诚信，对消费者讲诚信，让诚信成为激励员工的精神支柱，成为企业的道德基准，成为企业经营管理的信条。因此，可以毫不夸张地说，诚信是孕育品牌、名牌的母体，而品牌、名牌则是诚信的产儿。

所以说，即使我们拥有世界上最先进的生产工艺和设备，如果没有一个良好的生产环境，你能想象会出现一副什么样的景象吗？

图 2-5　整齐的车间

图 2-6　混乱的生产车间

图 2-5 是整齐的车间，如图 2-6 所示，生产车间内油点污垢随处可见，工作场地一片混乱，物料遍地都是，工件乱堆乱放……

这样的企业难道会不出现生产问题和麻烦吗？这样的企业能生产出高质量的产品吗？这样的企业能成为百年名企吗？答案很显然！

怎么办？如何打造良好的生产环境？

"5S"可以有效地解决这个问题，它能使企业的生产环境得到极大的改善，还能提高生产效率、产品品质、员工士气，并且是其他管理活动有效展开的基石之一，是企业走上成功之路的重要手段。

　　"5S"是整理（Seiri）、整顿（Seiton）、清扫（Seiso）、清洁（Seiketsu）和素养（Shitsuke）这5个词的缩写，即开展以整理、整顿、清扫、清洁和素养为内容的活动，如图2-7所示，其活动对象主要是"生产环境"。"5S"起源于日本，并在日本企业中广泛推行。

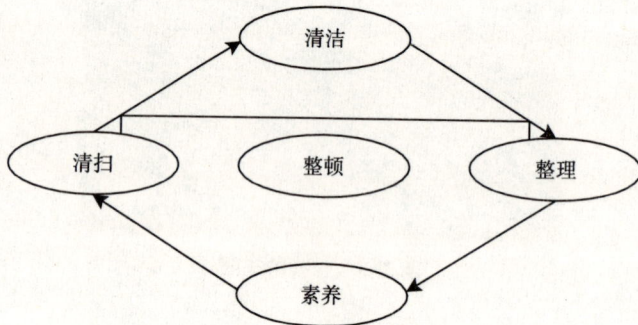

图2-7　5S

　　近年来，随着越来越多的日资、港资及台资企业的进入，"5S"管理逐渐被国人所了解，并在国内企业中迅速得到了应用，许多企业利用"5S"管理方法对生产现场环境全局进行综合考虑，并制定了切实可行的计划与措施，从而实现了规范化管理。具体内容如表2-1所示：

表2-1　"5S"管理具体内容

整理	定义	区分要与不要的东西，岗位上除了要用的东西以外，不要的东西则坚决处理掉，一切都不放置
	目的	腾出来更多可以活用的岗位空间
	对象	原辅材料、半成品和成品、设备仪器、工模夹具、管理文件、表册单据等
	做法	①对工作场所（范围）全面检查，对每件视线内的物品都要问问有用吗？怎样放置才更合理呢 ②制定有用和无用的判别基准，并区分对待马上要用的、暂时不用的和长期不用的物品 ③对有用的物品进行使用频度调查，决定日常用量；不用的物品要立刻清除，即便是必需品，也要适量；将必需品的数量降低到最低程度
整顿	定义	除必需物品依规定定位、定方法摆放整齐，明确数量，明确标示外，一切乱堆乱放、暂时不需放置而又无特别说明的东西，均应受到现场管理干部（小组长、车间主任等）的责任追究
	目的	节省时间，时间就是生命，时间就是金钱
	对象	所有物品，所有场所

整顿	做法	①需要的物品明确放置场所，将寻找的时间减少为零 ②摆放整齐、有条不紊，有异常（如丢失、损坏）能马上发现 ③对场所、物品进行标示，使其他人员能明白要求和做法，即其他人员也能迅速找到物品并能放回原处 ④在工作场地画线定位，并制定废弃物处理办法
清扫	定义	清除工作场所内的灰尘、污垢、碎屑、泥沙等脏东西，并防止污染的发生
	目的	消除一切脏东西，创造一个一尘不染的环境，保持工作场所干干净净、明明亮亮
	对象	所有视线以内的物品
	做法	①专人专责或建立清扫责任区，清楚地划清"责任"界限，不能留下没有人负责的区域或死角 ②组织一次全体员工大清扫，做到处处干净整洁，客户感动，员工心情舒畅 ③调查污染源，并消灭污染源或进行隔离 ④制定规范的清扫方法，即使一个很小的配件掉在地上都可马上发现
清洁	定义	在"整理"、"整顿"、"清扫"之后使上述做法制度化、规范化，维持其成果，即形成制度和习惯
	目的	通过制度和习惯来维持成果
	对象	所有工作场所
	做法	①由领导实施言传身教，并制定目视管理制度进行监督检查 ②制定奖惩制度，加强执行，以免刚刚养成的好习惯再次前功尽弃
素养	定义	培养全体员工坚持按规定行事，并形成良好的工作习惯、文明礼貌习惯、组织纪律和敬业精神
	目的	提升每一位员工的品质，使每一位员工都自觉养成遵守规章制度、工作纪律的习惯，成为对任何工作都讲究认真的人，努力创造一个具有良好氛围的工作场所
	对象	全体员工
	做法	①让每一位员工学习、理解并努力遵守规章制度，并制定服装、臂章、工作帽等的识别标准 ②用领导者的热情帮助带动员工的努力自律，并制定公司的有关规则、规定以及礼仪守则 ③开展各种激励活动，进行教育训练，提高员工的合作奉献精神和职业道德 ④实施管理公开化、透明化，鼓励每一位员工勇于自我检讨反省，推行礼貌运动，事事为他人着想，处处为他人服务

　　总之，生产环境对生产企业产品质量的长期影响是不容忽视的。从企业领导到普通员工，都应从主观意识上重视保持良好的生产环境，通过学习"5S"，提高对环境管理的认识，建立必要的环境设施的定期维护保养制度，建立有效的环境管理制度，创造良好的工作环境，使员工身心健康，精神愉悦，这样才可以打造出满足客户需求的全优产品。

笔者箴言　　为提高生产质量，班组长必须清除生产现场的环境隐患，如整理、清洁、照明、噪声等方面的安全隐患。

思考题：

1. 什么是生产环境？

2. 如何打造良好的生产环境？

第三章　竭尽你的全力

——提升团队整体作业水平

本章提要：

▶ 成功源于团队的力量

▶ 提高员工质量意识

▶ 如何留住新员工

▶ 组建 QC 小组

我们的团队每天都随着企业快速运转，而团队作用发挥的好坏与产品质量的高低紧密相连，必须加强团队建设，尤其是要抓好核心团队的建设和团队内部每一位员工的沟通与协作，不断提高团队的整体质量意识。

一、团队是企业成功的基石

2008 年，伊利、蒙牛、光明等 21 家婴幼儿配方奶粉生产企业负责人组成一支"团队"，向国家质检总局递交了质量安全承诺书，集体对社会郑重承诺，将承担起责任，绝不使用非法添加物，绝不使用有毒有害乳制品原料，绝不生产销售不安全、不合格产品。

2008 年 9 月 20 日，国家质检总局副局长蒲长城也表示，质检总局支持乳制品生产企业的质量承诺行为。乳制品生产企业之所以能够取得这样的结果，完全是 21 家婴幼儿配方奶粉生产企业负责人的集体智慧和努力的结晶，而不是某个人的成果。

回到生产企业内部，一个员工再完美，也只是一滴水；而当他融入一个优秀的团队后，他将享有大海的荣耀——每一位员工都拥有强烈的归属感。

曾听过这样一个传说，古代有位君王曾请当时一位著名的相剑师为其相剑，相剑师一看此剑，便厉声道："这把剑是众神与一位奇人共铸的绝世佳作。为铸这把剑，千年赤堇山，山破而出锡，万载若耶江，江涸而出铜。铸剑之时，雷公打铁，雨娘淋水，蛟龙捧炉，天帝装炭，奇人铸磨，共铸十载此剑方成。"传说毕竟是传说，但向我们揭示了生产高质量产品的基本要素——团队的整体作业水平。

在这个危机四伏的寒冷的冬天，许多企业采取了裁员、减薪等方法。可是，江西赣州华劲纸业有限公司在全球造纸企业都在收缩战线、减产自保的情况下，坚定对企业自身竞争实力的信心，立足自我，发挥企业文化和团队的力量，坚持做到了"不减产、不减员、不减薪"，不仅企业运行状况良好，而且保证了产品质量。

企业界有这样一个比喻：品质和团队是 21 世纪生产企业的两只翅膀，只有这两只翅膀不断强大，企业之鹰才能展翅高飞，不断创造新的业绩。而打造一个优秀高效的生产团队是提升企业产品质量的基本条件，所谓"工欲善其事，必先利其器"。

然而，轻过程，重结果，轻团队合作，重个人管理，是国内大多数企业在管理方面存在的通病。英雄似乎都是独来独往，军队需要英雄来鼓舞士气。可是在当今竞争激烈的生产企业中，个人的力量是有限的，要充分发挥并利用集体力量，必须鼓励合作。

俗话说："大成功靠团队，小成功靠个人。"企业的成功靠团队，而不是靠个人。合作是一切团队"繁荣"的根本，不仅百年名企是通过构建它们的团队来达成梦想的，即便是姚明也需要队友来一起打比赛。一支卓越的团队将以它的出色成绩，为整个企业增添光彩。

如果企业已经乱成一团，或是产品质量正在走下坡路，我们必须立即打造训练有素的团队，发挥团队的整体作业水平。

团队是可以脚踏实地地将产品品质不断提高的集体，而不是花心思打造出来的明星团队。

案例

快乐鱼贩

你有没有去美国的西雅图游玩过？如果你去过，那你是否去过著名的派克市场呢？

派克市场是西雅图历史悠久的农贸交易市场，这里的鱼市更是世界闻名，成为游客必到的景点。

派克市场中一个鱼铺，一个从兼职到工读生到老板总共17人的团队，你知道他们一天的营业额是多少吗？5万美金！

这倒不是因为派克鱼贩出售的鱼价格有多便宜，而是鱼贩们没有把自己当作卖鱼的，他们快乐的工作态度和搞笑的销售方式，把整个团队的作业水平发挥到了极致，常常令人忍俊不禁，不经意间就在笑声中多买走几条鱼。

一进入派克市场，远远地就可以看到簇拥的人群，不用问，那肯定是在欣赏著名的西雅图"飞鱼秀"。柜台前，一位身着工作服的鱼贩一边向围观的人群展示手中的鱼，一边唱着他们自己编的歌："过去已成历史，未来难以预知，今天是个礼物，而今天就是此时此地。"

另一位鱼贩则对游客吆喝着："有人要买新鲜的太平洋鱼吗？"一位游客挑中了一条大鲑鱼，年轻的鱼贩顺手抓起鱼往后面柜台扔去，中气十足地喊着："太平洋的鲑鱼飞过去喽！"柜台那一端的小伙子伸出右手，"啪"的一声以一个漂亮的弧线动作接住了鱼，然后就边切鱼边对鱼讲话："魔鬼阿诺加州鲑鱼，大卸八块！"切好、包好以后，"嗖"地又飞了过去，整个动作一气呵成，就像杂技表演一般，围观的人群一片欢呼。

据说派克鱼铺本来也是一个死气沉沉的地方，但整个团队觉得与其每天抱怨沉重的工作，不如改变工作的态度。他们开始互为教练，老板是员工的教练，员工也是老板的教练，只要看到对方不快乐，就立刻想办法让他快乐。于是一个创意接着一个创意，一串笑声接着一串笑声，他们成为鱼市场中的"快乐鱼贩"。

鱼贩们快乐的工作气氛不仅娱乐了自己，也提高了团队的整体作业水平，感染了前来买鱼的人们。

到今天为止他们还在卖鱼，虽然从来没有改变过，但我们应该看到，一个企业的成功离不开团队的力量。

俗话说："三个臭皮匠，赛过诸葛亮。"一支优秀团队的潜力是不可估量的，优秀的团队意味着永不停止的进步，优秀的团队意味着通过组织中每个人的参与取得进步。

笔者箴言 ➡ 任何时候团队的力量都是不可小觑的，所以班组长一定要巧妙地组织人员做好现场生产的质量控制。

思考题：

1. 团队的作用是什么？

2. 美国西雅图的鱼贩是怎么卖鱼的？

二、加强员工的质量意识

"带走我的员工，把我的工厂留下，不久后工厂就会长满杂草；拿走我的工厂，把我的员工留下，不久后我们还会有个更好的工厂。"这是安德鲁·卡内基曾说过的一句名言。

同时，也印证了我们在前面所说过的："一家企业和一个国家一样，是靠人而非机器发展起来的。"

一家企业的信誉，同样离不开员工的努力。机器、厂房等所有设备都可以花钱去买，但是人力资源却需要慢慢培养、开发。

员工是企业生存、提高质量的第一要素。

在我国，许多人都去过麦当劳、肯德基这样的快餐店，也去过像沃尔玛、家乐福这样的超市，那么我们经常看到的是在柜台里负责结账的员工还是经理或店长？

世界上有很多种汽车品牌，北京的现代、上海的桑塔纳、德国的宝马、日本的本田等，每一辆汽车车型都是经过仔细考虑、精心设计的。那么为什么有的车型受欢迎而有的不受欢迎呢？

犹拉·曼丁格曾说过："机遇只属于做好准备迎接它们的人们。"

生产企业的迅速发展，使中国成为世界上最大的生产企业竞争市场，如摩托罗拉、诺基亚、爱立信、西门子等一些生产企业已进入中国市场。

企业要发展，产品质量要提升，必须提高每一位员工的质量意识。意识伴随着我们一路同行，经风雨，见彩虹，并不时地提醒我们对工作要严谨、对生活要有憧憬、对需求要有渴望……

那么究竟什么是"意识"呢？从宏观的角度来看，意识是人们内心活动的一种过程，是人的头脑对于客观物质世界的反应，是感觉、思维等各种心理过程的总和。意识的高低体现在人们的一切活动之中，意识的高低直接影响着活动的结果。

另外，从现代质量管理的角度来看，质量意识是一个企业从决策层领导到每一个员工对质量和质量工作的认识和理解，是人们对显性行为的一种评价方式，是一种内化的心理活动标准，对质量行为起着极其重要的影响和制约作用。

因此，要提高企业的产品质量，则首先要把质量意识植入每一位员工的头脑，从提高员工的"质量意识"开始。

有一家生产降落伞的企业，每生产出一批伞包时，就会有一批伞兵背着伞包从试验塔上跳下，以检验伞包的质量是否合格。由于伞包存在质量问题，每检验一批伞包就会摔死一个伞兵。看到这种情况，厂领导立即组织质量检验专家小组对每一道生产工序进行仔细检查，却没有发现任何问题，可是伞兵由于伞包质量问题而被摔死的事件还在发生。厂领导为找到切实可行的方法来解决伞包的质量问题，并使企业生存下去，决定重金聘请一位有能力的生产管理者来解决该问题。

一个月后，一名中年男子应聘了此职位。新的生产管理者到任后立即实施了一条新规定：所有生产伞包的员工都必须背着自己生产的伞包从试验塔上跳下来检验伞包的质量。规定实施后，伞包的质量问题立刻消失了。

这个故事告诉我们产品质量的稳定和提高与企业员工的质量意识密不可分。现在不少企业缺少培训，加上按劳计酬，导致员工普遍缺乏质量意识。

拿破仑说过："成功是努力加上机会。"提高质量意识是一项细水长流的工作，需要企业建立质量意识文化并且提供配套的支持，每一名员工需要长期持久地坚持学习，一时的疏忽就可能酿成不可挽回的损失，绝不能认为质量就是"说起来重要真重要，做起来次要或不要，忙起来不要就不要"。

如何提高员工的质量意识，我们可以从企业文化、管理的标准化、标准的执行、工作行为及教育培训等几个方面入手，见图3-1。

第一，企业领导要主动加入。因为企业领导的关注将加强企业对质量的重视程度，提高员工的品质意识和推行品质的决心，他们的身体力行将告诉所有员工质量的提高势在必行。同时，要建立统一的宗旨、方向和内部环境，告诉所有员工领导的态度与决心，向员工提供所需的资源和履行其职责和义务方面的自由度。

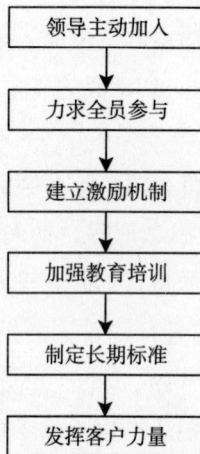

图 3-1 提高员工的质量意识

第二，针对每一位员工，力求全员参与。让每一个员工从意识上认识到质量的重要性，使员工真正融入公司，关心、关注企业的每一次成功、每一点进步。各级人员都是组织的根本，让每一位员工树立"厂兴我荣，厂衰我哀"的观念，只有他们的充分参与才能使他们的才干为组织带来利益。将质量意识的提高纳入企业文化的建设中，使各级员工由"要我干"变成"我要干"，由个体意识变成群体意识，这样才能让员工从根本的意识形态上关注质量的好坏。

案例

这是我的责任

小柯是刚空降到三组的班组长。这个班组是全场次品率最高的，也是厂领导最烦心的。小柯刚到任，什么也没有做，只是认真观察了两天，将全班组人员的情况摸清。第三天小柯通知大家临时开个会。所有人员都不知道这个"新来的头"要做什么，依旧保持事不关己的工作态度。小柯简单地说明了情况后，就对每一位员工的散漫工作态度进行了透彻的剖析。大家在听到班组长分析后，满脸羞愧之色。

> 　　小柯最后希望大家从此时此刻起务必将质量合格装进心里。看到大家都有了改变的决心，小柯说："让我们做好质量管控是我的责任，而让大家心里都有质量意识更是我的责任！"

　　第三，坚持奖励与处罚并重的原则，建立全面的激励机制。提高员工的质量意识，是要发挥每个员工的积极性和创造性，让所有参与人明白，在一段时期内要达到什么样的目标，具体要如何去操作。坚持奖励与处罚并重的原则，建立全面的竞争机制和奖惩措施，使质量意识与员工切身利益挂钩，将质量考核的结果纳入工资考核中，从而保证任何细微的产品缺陷都不流入下道工序，进而增强其可操作性。

　　第四，加强质量意识的教育和培训。要提高员工的质量意识，教育和培训是关键。不但要对员工进行市场经济理论和市场竞争规律的教育，符合性质量和适用性质量区别的教育，职工既是生产者又是消费者双重特征的教育，使员工从心里产生共鸣，同时，还要使用简单易懂的语言从市场观念、竞争观念、大质量观念、用户观念、整体观念、参与意识、问题意识和改善、创新意识等方面对员工进行强化培训，并用实例加深员工对质量的理解，对可能出现质量问题的地方加以强调。

　　第五，制定长期标准，以均衡生产促进优质高产。制定长期标准，使各个员工和工序长期处于受控状态，质量问题不是一朝一夕之事，只有精神上高度统一和乐于奉献才能实现企业目标。均衡生产是指每个工位的作业尽量一致，是在科学分析的基础上规定标准时间及实际工作时间，使直接生产人数和产品生产节拍满足每一个工位的需求，以促进产品的优质高产。

　　第六，发挥客户的力量。要提高员工的质量意识，有时候仅靠内部的力量只能达到有限的水平，所以要借助外部力量，尤其是我们的客户，如果按照客户要求进行教育训练，并针对现场异常进行改善，就会很快提升品质。因为客户很关注供应商的质量管理状况，客户一定会提出关于质量控制的要求，并且会定期进行现场审核。

　　其实，提高员工的质量意识就是让无形的质量意识与有形的工作质量结合起来，让模糊的质量意识与员工的绩效结合起来，让质量意识的管理体制起到实质性的作用。

案例

迪士尼的"清洁工"

我们都知道世界上最大的游乐园应该是迪士尼乐园，目前世界上共有6个迪士尼乐园，而日本东京迪士尼是全世界开得最成功的、生意最好的。因为东京迪士尼有不一样的"清洁工"。

相信每个到东京迪士尼去游玩的人碰到迪士尼经理的可能性几乎为零，最多也只不过在门口卖票和剪票的时候碰到一次，但碰到扫地的清洁工的机会虽不能说是天天，却可以称得上常常。

所以东京迪士尼对清洁员工非常重视，将更多的训练和教育大多集中在他们的身上，以提高他们对打造这个大产品——迪士尼的质量意识，即使他们在这里只工作两个月时间，迪士尼也会对他们进行3天的培训。

第一天上午培训如何扫地，下午培训如何照相，第二天上午培训如何给小孩子包尿布，下午培训如何辨识方向……

训练3天后，发给员工3把扫把，开始扫地。事实上，东京迪士尼乐园的诸多工种中，与游客接触最多的园内清洁工已被人们公认为"新一代的明星"。他们对园内设施了如指掌、礼貌亲切、精神抖擞、仪表干净整洁、工作勤恳认真且工作方式富有表现力。

如果你去东京迪士尼游玩，碰到这种员工，你会觉得很舒服。如果你去询问一般企业的员工："你愿意做这个工作吗？"得到的回答大多是："只不过是为了生计而已……"然而，如果你对东京迪士尼乐园的清洁工提出同样的问题，大多数会毫不犹豫地回答："当然！而且很快乐。"

为什么同样是从事工作，却有着截然不同的回答呢？原因在于不同的企业有着不同的经营理念、不同的意识、不同的企业文化。

东京迪士尼通过培训已把"质量意识"深深地印在了每一位清洁工的心中。

让我们唤醒每一个员工的质量意识，把质量意识注入每一个员工的血脉，让每一个员工都树立一种危机感、使命感，精益求精地工作，把产品质量提高到一个新水平。

笔者箴言 ▶ 　　一旦所有员工都具备了质量管控意识，那么现场生产的质量管理就会容易很多，所以班组长一定要将质量意识植入每位员工的心里。

思考题：

1. 为什么要提高员工的质量意识？

2. 如何提高员工的质量意识？

3. 迪士尼的清洁工是怎样工作的？

三、如何指导新员工

　　生产车间内，一个上个月刚招进来的小伙子匆匆地走进了领导办公室，5 分钟出来后，跟大家说了声："我走了，再见！"然后回头看了一眼这个车间，剩下的已全是老员工的面孔了。上个月刚招的几个新员工，到今天为止已全部走光了。

　　目前，国内相当一部分企业，无论是国有企业还是民营企业，大企业还是中小企业，都存在着新员工流动率居高不下的态势，不但造成了企业大量的时间、人力和物力的浪费，而且严重地影响了企业业务和组织的发展以及员工的士气，对企业的产品质量和信誉带来了非常大的负面影响。

　　我们在前面已经提到，我国已正式加入了 WTO，不但世界经济一体化的进程会越来越快，而且国内市场也会逐步深入地进行对外开放，国内企业与大型跨国公司的人才争夺将登上一个新的台阶。而随着新员工的不断加盟，企业将逐步形成一个颇具创新精神、创新观念和创新思维的新员工群体。加强新员工的培养和职业指导将成为企业面临的一个战略性课题。

　　过去，一个新员工分配到企业后，一般是通过在工作岗位上不断地"摸爬滚打"而慢慢成长起来的。显然，这种新员工培养模式和成长速度已远远不能适应企业巨大的人才需求。依据人才成长的一般规律，认真研究新形势下的新员工存在的问题，强化新员工的职业指导，是相当迫切和重要的。

　　我们大部分企业现在的新员工主要存在两种情况：一是从校园步入企业，很少有过饥饿和失业的艰难体验，对企业的了解也不够深入，工作技能一般比较弱，虽然刚刚走上工作岗位，拥有一股子干劲，但更容易出现急躁、冒进、工作出错率高等不良现象；二是从另外的企业加入到本企业，对企业归属意识较低而且缺乏职业意识，对于职业的理解、领导的概念、职业生活的"游戏规则"等有着各自不同的理解。

面对企业新员工复杂、多面的特点，为了使企业的使命得到贯彻，为了使企业的产品质量和品牌得到维持，我们需要在培养过程中不断观察和体会，必须将自己的经营理念和企业文化等融入到员工的行为与观念体系中去，主动针对不同的特点采取合适的指导方法，从而使新员工明确工作职责，适应新的职业运作程序，掌握一定的操作技能，成为本企业真正的"企业人"，生产出高质量的产品。

我们已经了解了新员工存在的问题，明确了培训新员工的目的，树立了指导新员工的观念，但我们如何在短时期内把新员工的业务水平提高到所要求的水平，从而使新员工能够胜任工作呢？

我们可以通过以下几点对新员工进行具体指导（见图 3-2）：

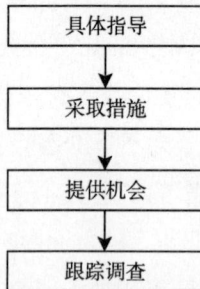

图 3-2　如何指导新员工

第一，对新员工进行工作安排与具体工作指导，为新员工提供一个富有意义或具有挑战性的最初工作。

大部分新员工没有工作经验，对岗位比较陌生，应明确新进员工的工作步骤，应该怎么做？有哪些工作内容？

初期最好为新员工提供一些新员工能感到有意义的或具有挑战性的工作，避免安排新员工在受聘初期承担枯燥、繁杂却又遥遥无期的工作，避免安排新员工长时间承担一些简单的工作和任务，以免打击其积极性或增加其心理压力。

第二，对新员工实施"皮格马利翁效应"，在纪律方面丝毫不可放松。

我们都知道"皮格马利翁效应"是一个人对某件事或某个人越信任、越支持，所得到的结果就会越好。

所以要让新员工感觉到在这里工作是公平的，适合自己发展的，同时要严格要求，要求其必须遵守各项规章制度，对新员工进行每月考核，对新员工是否改掉坏习惯以及是否达到转正条件提出决定性意见。

作为管理者只有在这方面大胆管理，耐心引导才能收到好效果。

第三，为新员工提供"一带一"的机会，使其尽快融入企业。

可以通过"师父带徒弟"，即一个老员工带一个新员工的方式，使新员工能在最短的时间内掌握岗位和其他必要的信息（见图3–3）。

图3–3　师父带徒弟

如果有些企业做不到，也可以由管理者代替老员工对新员工进行培训，将工作步骤详细讲述给新员工听。

第四，对新员工进行跟踪，并提供生活和工作等方面的帮助。

对新员工的思想状态进行跟踪，耐心、细心地引导他们，使之尽快消除陌生感，让他们在试用期中发挥最大的潜能，尽可能提供生活和工作等方面的帮助，而且可以从企业文化方面对其进行全面指导，使他们在最短的时间内达到生产所要求的基本水平，从而保证企业的产品品质。

总之，帮助新员工从"象牙塔"过渡到"企业殿堂"，从"校园人"转变为"企业人"，并最终融入企业文化的大环境，已随着企业产品多样性和复杂性的提高而变得越来越棘手。

笔者箴言 ▷ 新员工的加入是企业发展必不可少的阶段，但是如何留住新人并用好新人，成为企业一大难点，所以班组长务必要配合人事部门做好新人管理工作。

思考题：

1. 为什么要指导新员工？
2. 如何指导新员工？

四、组建 QC 小组

20 世纪 60 年代，日本首创了质量管理小组——QC 小组，并把在企业中广泛开展 QC 小组活动作为全面质量管理的一项重要工作（见图 3–4）。

图 3–4　开展 QC 小组活动

20 世纪 80 年代，QC 小组活动正式引进我国。90 年代，在由国家经贸委、财政部、中华全国总工会、共青团中央、中国科协、中国质量管理协会联合颁发的《印发〈关于推进企业质量管理小组活动意见〉的通知》中对 QC 小组作了定义：QC 小组是"在生产或工作岗位上从事各种劳动的职工，围绕企业的经营战略、方针目标和现场存在的问题，以改进质量、降低消耗、提高人的素质和经营效益为目的组织起来，运用质量管理的理论和方法开展活动的小组"。

随着我国社会经济的飞速发展与全面质量管理的导入，QC 小组经过推广、普及，在我国已经得到很大发展，已成为现代企业制度下质量管理活动中不可缺少的重要组成部分，但与发达国家相比，仍然有较大差距。

21 世纪对 QC 小组的发展提出了更高的要求，QC 小组的发展必须以科技为导向，以提高员工的素质为基础，以创新为出发点，以提高经济和社会效益为方向，不断完善，保证 QC 小组的长期发展。

目前，我国大部分企业组织开展的 QC 小组中，从活动的课题来看，主要有现场型、攻关型、管理型、服务型和创新型五种类型；从活动的实践来看，主要有明显的自主性、广泛的群众性、高度的民主性和严密的科学性四大特点；从活动的宗旨来看，主要有提高职工素质，激发职工的积极性和创造性，改进质量，降低消耗，提高经济效益和建立文明的、心情舒畅的生产、服务、工作现场六大特征；从活动的目的来看，主要有提高开发智力资源，发挥员工的潜能，提高员工的素质，预防质量问题和改进质量，实现全员参加管理，改善员工与员工之间的关系，增强员工的团结协作精神，改善和加强管理工作，提高管理水平，提高员工的科学思维能力、组织协调能力、分析与解决问题的能力以及顾客的满意程度十大作用。

QC 小组活动，可以说是企业职工参加现场质量管理的核心。我国目前建立 QC 小组的效果最好的主要形式是按照现有的生产班组或生产单元的形式，但在我国运用最多的却是按照质量关键问题，组织跨班组或跨部门的形式。

其实，无论按照哪种形式组织 QC 小组，由于它是行政机构之外的群众性组织，所以必须发动员工主动自愿参加，而且不能单靠行政命令。一般按照以下步骤进行小组的组织和活动的开展（见图 3-5）：

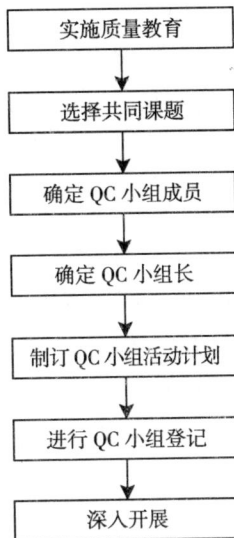

图 3-5 组织 QC 小组的步骤

第一，实施质量教育，提高员工对开展 QC 小组活动的自觉性。质量管理始于教育，终于教育，组织员工学习 QC 的基本思想和改进工作的方法步骤，使 QC 小组活动更具实效性；学习质量管理的基本统计方法，使 QC 小组活动更具科学性，从而提高员工对开展 QC 小组活动的自觉性。

第二，选定课题，遵循先易后难的原则。一般在刚开始确定 QC 小组课题时，最好选择能在短期内见成效或具有共同性的问题。如果时间太长，在短时间内无法解决，会使 QC 小组成员失去信心，因此可将时间太长的课题进行解剖，分阶段解决或同时成立若干互相有联系的 QC 小组来共同解决。

第三，确定 QC 小组成员，可视具体情况而定。一般在确定 QC 小组成员时，为便于活动开展，最好尽量选择彼此比较熟悉的员工或在一起工作的员工进行组织，而且人数最好控制在 10 人以下。如果需要组织联合 QC 小组，即需要其他部门的员工参加或需要有关部门以与此有关的问题为课题组织相应的 QC 小组时，可向上级提出申请，邀请有关人员参加。

第四，确定 QC 小组长。由于 QC 小组长的人选直接影响到 QC 小组活动开展的成败，因此在刚推广时，应尽量选择受过 QC 教育的班组长或工段长担任，在开展一段时间后，可由参加 QC 小组活动的成员担任。

第五，制定 QC 小组活动计划。QC 小组课题、成员及组长确定后，即召集全体成员开会讨论研究制定 QC 小组活动计划，明确目标。

第六，进行 QC 小组登记。组长根据会议记录填写 QC 登记计划表，一式三份，小组自存一份，另外两份交联络员，其中一份由联络员报 QC 推广办公室注册备案。

第七，深入开展。QC 小组组织好以后，为在企业中能够深入开展小组活动，首先，领导层要积极参与 QC 小组活动，并用各种形式关心小组活动，为小组提供条件，增强员工团队意识，增强员工的归属感，创造良好的质量文化氛围；其次，QC 小组成员应学会在活动中接受失败，根据实际情况制定改进方法，大胆开拓，力求与时俱进。

QC 小组的成员可以是一般管理者，也可以是技术人员，或者是工人、服务人员，不管是高层领导，还是各岗位上的职工，都可以组建 QC 小组。

江泽民同志说过："创新是一个民族前进的不竭动力。"我们企业要在激烈竞争中立于不败之地，就必须提高质量，而广泛开展 QC 小组活动就是提高质量的途径之一。

　　QC 小组在活动中主要采用 PDCA 循环的过程方法与新的统计技术工具，使活动的全过程在 PDCA 循环中得到优化，从而保证了活动程序的科学性，如图 3-6 所示。

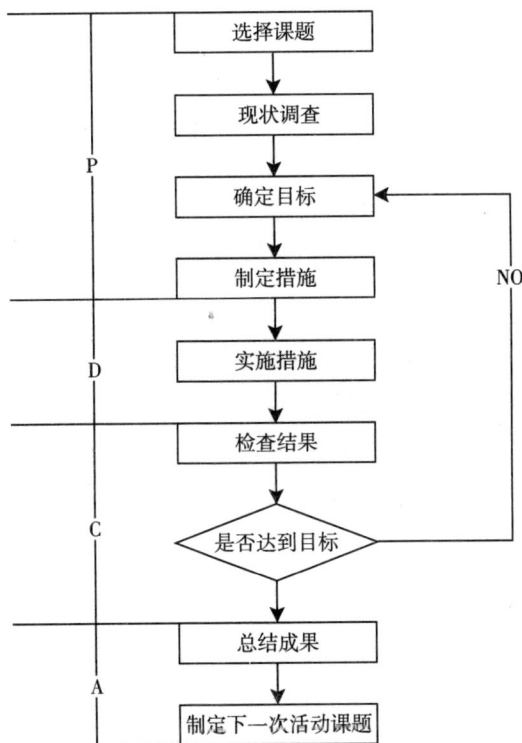

```
P ┌─ 选择课题
  │     ↓
  │   现状调查
  │     ↓
  │   确定目标 ←──────┐
  │     ↓           │
  │   制定措施       │ NO
D │     ↓           │
  │   实施措施       │
  │     ↓           │
C │   检查结果       │
  │     ↓           │
  │  是否达到目标 ────┘
  │     ↓
A │   总结成果
  └─ 制定下一次活动课题
```

图 3-6　QC 小组采用 PDCA 循环步骤

　　第一，选择课题。从我们对质量概念的理解出发，QC 小组活动在课题选择时，必须以企业方针目标和中心工作、生产过程中存在的薄弱环节、下道工序的需要以及用户的需求等为依据。

　　第二，现状调查。为了解所选择的课题在目前生产中的状况，QC 小组必须根据实际情况，应用不同的 QC 工具，如调查表、排列图、折线图、柱状图、直方图、管理图、饼分图等，全面、仔细地调查生产现状，并做好数据的搜集整理。

　　第三，确定目标。目标与问题应相对应，根据对调查后掌握到的现状，依靠掌握的数据，发动全体组员进行分析，找出问题的原因，并根据关键、少数和次要多数的原理，从中找出主要原因，从而确定一个使小组成员有明确的努力方向、便于检查和便于评价活动成果的合理目标。

第四，制定措施。目标确定后，根据找出的主要原因制定具体措施，如要达到什么目的、用什么方法完成、什么时间结束以及由什么人负责等。但为了保证成果得到巩固，小组必须将一些行之有效的措施或方法融入到相应的措施计划中。

第五，实施措施。小组长要组织成员，按计划分工实施，并间接性地对实施情况进行研究，以随时了解课题进展。如果发现新问题必须及时进行原因分析、研究，并依据实际情况及时调整措施计划，以达到活动的目的。

第六，检查结果。措施实施后，应把措施实施前后的情况进行对比，看其实施后的结果，是否达到了预定的目标。如果达到了预定的目标，小组就可以进入下一步工作；相反，就应对计划的执行情况及其可行性进行分析，找出原因，重新制定合理的课题活动目标。

第七，总结成果。小组课题活动结束后，应对活动的成果进行总结，不但可以提高每一位成员的质量意识，而且也可以为小组活动成果发表提供前期准备。

第八，制定下一次活动课题。小组通过活动取得了一定的成果，也就是经过了一个 PDCA 循环。但这时候，小组还应依据活动的成果和经验，针对遗留下来的问题进行分析，以制定下一次小组活动的课题。

以上程序是 QC 小组活动的四个阶段、八个步骤，体现了一个完整的 PDCA 循环。只要企业按此过程坚持执行，就能一步一个脚印、一步一个台阶地向上走。

俗话说："没有成果，就没有提高。"但没有总结，同样也没有提高。我们要根据各 QC 小组完成的情况，在企业中召开成果发表会。

通常 QC 小组成果发表会要分层召开，首先有成果的 QC 小组要先在基层发表会上发表，然后经过车间、厂一级一级进行选拔，最后由评出的最优秀的 QC 小组参加企业级 QC 小组成果发表会。经评审小组或委员会确认有成效者，应给予适当的物质奖励，以提高 QC 小组继续开展活动的信心。

笔者箴言 PDCA 循环反映了质量管理活动的基本规律，其过程模式是提高产品服务质量、改善企业质量管理的重要方法，也是质量体系正常运转的基本方式。

思考题：

1. 什么是 QC 小组？

2. 为什么要组建 QC 小组？

3. QC 小组如何组织？

4. QC 小组如何开展活动？

篇后小结

<table>
<tr><td rowspan="7">第一章</td><td>什么是质量</td><td>正确认识质量概念是班组长做好现场质量管理的基本工作，只有明确哪些属于质量问题，才能在有效的时间内给出最佳的问题解决方案</td></tr>
<tr><td>质量是成败之关键</td><td>只有保证质量，所有的管理工作才具有意义，因此班组长必须明确班组人员如何把控质量及避免出现质量问题</td></tr>
<tr><td>质量管理的发展及现状</td><td>由于客户要求的提高，产品质量也在不断提升，有些占据大额市场的企业，甚至做出了超顾客预期的高质量产品，因而班组长作为一线直接领导者，管好现在质量工作责无旁贷</td></tr>
<tr><td>质量管理的意义</td><td>质量的高低之于企业的重要性不言而喻，把好质量关，就是为企业形象和产品品牌奠定坚实的基础</td></tr>
<tr><td>质量管理原则及应用</td><td>遵循一定的质量监控原则是必须的，但是班组长应以企业及班组实际情况不断完善质量管理原则，使其能够更好地帮助自己监控好现场质量</td></tr>
<tr><td>树立"用户至上"和"零缺陷管理"的理念</td><td>用户是产品的最终使用者，即产品的消费者，一旦用户不满意产品质量，那么企业就要在市场上失去竞争力，甚至将辛苦获得的市场份额及产品信誉拱手相让与对手；只有在质量管理中秉承"零缺陷"的管理理念，才能更好地保障产品质量</td></tr>
<tr><td>班组长的质量职责和作用</td><td>班组长看似小职位，可是在现场管理中却是全班的主心骨，也是大家积极学习的榜样，即班组长的一言一行都事关产品质量的好坏，所以班组长务必要起到模范带头作用</td></tr>
<tr><td rowspan="5">第二章</td><td>人</td><td>人是一切活动的基础，班组长要想在生产车间获得高质量的产品，必须首先带出高"质量"的员工</td></tr>
<tr><td>机</td><td>机器是人进行活动时最大的辅助工具，所以，具备良好的机器设备是生产高品质产品不可或缺的先决条件</td></tr>
<tr><td>料</td><td>原材料是高品质的产成品的前身，要想在市场上得到消费者的认可，原材料的品质一定要满足生产要求，至少要达到行业生产的平均标准</td></tr>
<tr><td>法</td><td>恰当的生产工艺不仅可以节省生产成本，更能保证产品质量</td></tr>
<tr><td>环</td><td>良好的生产环境不仅可以确保机器设备的高使用率，而且可以提高生产人员的工作状态</td></tr>
<tr><td rowspan="4">第三章</td><td>团队是企业成功的基石</td><td>个人英雄主义在市场经济中已经不再适应，团队合作才是企业得以稳定发展的必然选择</td></tr>
<tr><td>加强员工的质量意识</td><td>领导者的质量意识要不断地传达给一线员工，只有一线人员心里装有质量意识，生产出来的产品才能有质量保障</td></tr>
<tr><td>如何指导新员工</td><td>新员工是企业发展路上必然存在的管理形态，任何一家稳定发展的企业都要不断地输入新鲜的血液，只有这样企业才能更好地向前发展；每一批新员工的入职培训都关乎企业质量的命脉，所以班组长一定要客观科学地指导新员工</td></tr>
<tr><td>组建 QC 小组</td><td>组建 QC 小组并不是形式化，这一点班组长必须清楚，否则很难将 QC 小组的真正作用发挥出来</td></tr>
</table>

第二篇

见微知著

第四章 一步一个脚印
——合理使用原材料

本章提要：

▶ 合理使用原材料

▶ 原材料先来先用不能乱

▶ 避免原材料使用混乱

▶ 防止原材料混用

随着生产企业之间质量竞争的不断升华，企业的经营生产形势发生了转变，同时也给企业的预期成本和利润带来了一定的压力。

在这种情况下，企业应强化对员工品质意识的教育和培训，使员工能够理解企业面临的严峻形势和各种困难，坚持原材料合理使用原则和先来先用原则，并在思想上树立全新的避免原材料混乱、混用的理念，让员工都知道如何同企业共渡难关并为实现企业目标多做贡献。

一、体会原材料的使用原则

2008 年 9 月，继 "5·12" 四川汶川大地震之后，三鹿 "毒奶粉" 事件的爆发，又一次 "震撼" 了 13 亿国人的心，而且这一事件愈演愈烈，从奶粉到液态奶，包括光明、伊利、蒙牛等国内各大品牌都纷纷落马。

2008 年 3 月，南京首先出现了患有肾病的婴儿；7 月 16 日，甘肃卫生厅接到了多起患病报告；9 月 1 日，湖北同济医院小儿科也接收了 3 名患有肾病的婴儿；9月8日，中国人民解放军第一医院泌尿科接收了一名患有"双肾多发性结石"和"输尿管结石"病症的8个月大的婴儿，这是该院自6月28日以来收治的第14名患有相同疾病的不满周岁的婴儿；9月9日，甘肃省卫生厅再次接到解放军第一医院的电话报告，该院收治的婴儿患肾结石病例明显增多，近几个月已达十几例；9月10日，南京鼓楼医院泌尿外科孙西钊教授陆续接到了南京儿童医院送来的10例泌尿结石样本；9月11日，甘肃省共上报病例59例，死亡1例，分布在24个县区。

截至2008年12月16日，全国医疗机构共接诊、筛查食用三鹿牌婴幼儿奶粉的婴幼儿近万名，临床诊断患儿1253名，其中2名已死亡。

经国内先进的结石红外光谱自动分析系统分析，这是一种极其罕见的结石。据有关医务人员介绍，近几年来，他们分析过全国各地的结石成分近5000例，却从来没有见过这种病例，而且都发生在尚在喝奶的婴儿身上。

三鹿集团作为"毒奶粉"的源头，被媒体曝光，被网络炒作，被法律制裁，社会哗然。很多人都记住了这个"史无先例"的事件，却没有想到其实导致这样一个负面影响极大、牵涉面极广的事件发生的原因是三鹿公司没有把好原材料关。

据三鹿集团品牌管理部部长苏长生分析，由于饲料等各种原材料都在涨价，奶农养牛的成本也不断增高，而三聚氰胺作为一种白色结晶粉末，几乎无味道，添加进蛋白粉或奶粉中，能够造成蛋白质含量增高的假象。使蛋白质含量增高1个百分点，用三聚氰胺的花费只有用真实蛋白原料的1/5。

于是，奶农把三聚氰胺加入鲜奶之中，从而导致奶粉中也含有了三聚氰胺，三鹿"毒奶粉"事件最终爆发。

"毒奶粉"事件虽然结束了，但三鹿集团也为所有的生产企业上了一堂"合理使用原材料"的意义非常的课。

笔者箴言 原材料的质量是否过关直接关系到之后产成品质量的高低，所以我们必须严把原材料的质量关。

思考题：

1. 三鹿为什么会倒闭？

2. 原材料的使用原则是什么？

二、遵循先来先用原则

原材料是生产企业制造产品的第一道门槛，但有很多企业经常因为原材料供应不及时而被迫改变生产计划或推迟出货。

原材料不仅牵动着你我的神经，而且是提高产品质量的重要因素之一。其使用的第一原则就是先来先用，即先进的材料先用，后来的材料后用。这是保证原材料合理使用、防止变质、提高品质的先决条件之一，因为材料本身也有保质期。

一般采购回来的原材料，在经过检验员验收合格后就应投入生产，而不应该让其自生自灭，任意经受风吹雨打。否则，哪怕是一堆黄金，也会失去光泽。任何原材料都有它的保质期，一旦超过保质期限，原材料或者会变质，或者其本身附有的功能会大大降低。采购回来的原材料在仓库或生产车间放置得越久，也就意味着能够向客户或消费者提供的产品品质越低。

其实，原材料除了可能在保质期出问题、引发不良情况外，即在尚未使用时引发外，在使用生产的过程中也可能会随时引发不良情况，而此时对不合格品进行追踪或向原材料供应商讨回"公道"，则主要是以原材料的采购时间、使用时间为线索进行。

如果以一种无序的状态使用原材料，那么作为生产企业，也就根本无法寻找线索，无法确定到底是哪些原材料出了问题，无法分析从哪一批发出去的产品中开始混入了不合格品，无法采取弥补措施。单凭几个员工的记忆是说不清道不明的，我们只能坐以待毙，等待着客户或消费者的投诉。

相反，如果我们遵守了原材料先来先用的原则，也就获得了重要的线索，就能调查产品当时生产的数量，得知当时使用的原材料，探索不合格品的去向，从而为生产企业采取应对措施打好了基础。

为了更好地运用先来先用原则，我们可以借助相应的小技巧来管理物料。例如，使用颜色标记法，即采用不同颜色来标记不同类型的物料。举个简单例子，绿色表示入库时间最短，黄色次之，而红色则表示废料。当然这些工作需要物料管理人员来进行把关实施。再者，我们也可以使用时间标记法。所谓时间标记法，就是指根据原材料入库时间来管理。第一批来料放在规定的位置，并在明显位置摆放物料入库时间登记卡，而第二批来料同样放在指定位置，放上时间卡。

不管使用何种方法，只要符合原材料先来先用原则，确保其品质无损，管理者就可以拿来使用。

案例

王永庆"卖大米"

在 2008 年 5 月 12 日汶川大地震后，与其传奇的从商经历一样，作为台湾"塑胶大王"的王永庆第一个向灾区捐款 1 亿元，备受瞩目与好评。

王永庆幼年家境贫穷，为了生计 15 岁那年跟随叔叔去浙江嘉义一家日本人开的米店当伙计，学会了卖大米。1932 年，时年 16 岁的王永庆在父母亲戚的支持下，带着家里凑的 200 元钱也在浙江嘉义开了一家米店。

然而，由于资金有限，加上当地米店众多，竞争激烈，任凭王永庆喊破嗓子，也没卖出多少米，生意非常冷清。

可是，没过多久，王永庆的米店生意开始逐渐好转并日益红火了起来。原来，经过观察，王永庆发现大部分顾客都习惯在一家店买米，而且总是选最近的那一家。

于是，王永庆做了四个看似很"傻"甚至不可思议的"小动作"：挑拣杂物、上门送米、精心统计以及发薪收钱。如果说这几个"小动作"很不起眼的话，那么第五个"小动作"真正改变了他的一生，成就了王永庆的神话。

最后一个"小动作"是每次送米上门时，王永庆都细心地为顾客擦洗米缸，并帮人家将米倒进米缸里，如果发现米缸里还有没吃完的米，还会主动将旧米倒出来，把新米放在下面，陈米放在上面，避免旧米因存放过久而变质。

正是以上的点点滴滴，尤其是王永庆的第五个"小动作"，遵循了米的先来先用原则，为顾客减少了损失，让王永庆最多一天可以卖出 100 多斗的米，并由此获得了良好的口碑，也因此成就了日后在全世界赫赫有名的"塑胶大王"。

当然，企业之所以要遵循原材料先来先用的原则，一个关键原因在于很多时候我们会通过原材料的改进来提高产品的质量。因为原材料有新旧之分，对它们的处理方法也不相同。如果供应商或上一道工序今天出新材料，明天又出旧材料，那么对于提高产品的质量而言，会有很大的负面影响。

笔者箴言	任何物品都有其保质期和使用期，只有在规定的期限内使用才能将其最好的功能发挥到最大，甚至是极致。

思考题：

1. 什么是原材料先来先用原则？

2. 为什么要遵循先来先用原则？

三、原材料混乱使不得

目前，除一些正规企业采用的进口或国内大型企业生产的原材料符合国家原材料标准要求外，一些小企业所生产的原材料根本达不到国家的标准要求。

这些企业为降低成本，人为地降低原材料等级，使用不符合标准要求的工业级原材料、助剂和添加剂，甚至用回收再生材料进行加工生产，从而导致生产制造企业使用的原材料与设计、规范要求不符，在生产制造过程中原材料混乱现象日益严重。

案例

生产车间情景再现

"停、停、停，所有的人都立刻停止工作！"负责2号车间生产质量的小组长老王大声喊道。

出什么事了？正忙得不可开交的所有员工都吓了一跳，你看看我，我看看你，不知所措。

老王接着对大家说："我刚刚接到了质检部的通知，我们车间使用的这一批原材料有问题，我们必须马上换料，否则生产的全部都是不合格品，我们不但白忙了，而且还会造成很大的损失。大家马上把这批原材料装回到包装箱里，物料部门马上会送新的原材料过来。"

一秒，两秒……还不到一分钟的时间，物料部门已经急匆匆地将一批新的原材料送了过来，大家又开始了紧张有序地工作。

突然，员工小兰喊了起来："不好了组长，我怎么觉得刚送来的这批原材料和我们收起来的原材料是完全一样的啊？"

老王急忙走过来打开小兰正在使用的原材料一看，呆了，怎么真的一模一样呢？这时，其他的一些员工也发现了同样的问题。

原来，大家在物料部门送来新的原材料时，由于太着急工作，竟然把新送来的与回收的弄混了，所以，有不少员工还在继续使用原来的那批有问题的原材料。

原材料混乱的原因的确与供应商存在一定的关系，但也不能排除部分企业也确实存在原材料漏检的现象，从而导致了在使用过程中频繁更换原材料，最终出现使用混乱的事件。

如果你是小组长老王，你会如何处理这一问题呢？

山东某水泥集团公司的经验可供我们借鉴，该公司对料场收料人员进行调整，收料人员所属部门由原来的熟料车间调整为质检处，将收料制度改为化验室，质检处双方人员皆到才可签收原料。这一措施加强了进厂原材料的控制力度，改善了以前原材料在生产过程中使用混乱的局面，使进厂原材料管理制度更加完善，为生产的正常快速进行提供了切实保障，为保证产品质量打下了基础。

现在的生产企业所使用的原材料都不止一种，以生产服装的企业为例，使用的原材料有纯棉的、混纺的、长绒棉的、一般棉的、交织的等，其中各材料所占的比例也是各不相同。

因此，针对如何避免生产过程中原材料出现使用混乱的问题，首先，我们应对原材料的摆放、使用及识别进行严格的规范。

可根据原材料的种类、功能或使用的先后程序等不同特点，在每一个货架上分层摆放不同的原料。

如果使用的是同一种原材料，应对原材料进行必要的标识，如体积较小的原材料，有的虽然在外包装上有生产日期或保质期限，但在内包装上却不一定有，为了便于区分，在拆除外包装时，可以用带颜色的笔或自己可以识别的标志在内包装上注明。

其次，要建立清晰的、具有可追溯性的原材料验收台账。一般质保资料不全、未经复检合格的材料不得使用，对不合格的试验、不合格的材料要有反映清晰的台账记录。

最后，企业所有管理者以及员工要切实加强对生产过程中原材料使用混乱状况的认识，加强原材料质量对产品质量影响的重要性认识，把原材料控制工作做细、做实。

原材料混乱使不得。据有关调查显示，只有20%的企业管理体系健全、产品质量过关；30%的企业管理体系不是很完善、产品质量时好时坏，面临整改，而且其管理成本将加大；50%的企业管理非常混乱，技术工艺落后，产品质量极不稳定，即使整改也很难逃脱被淘汰出局的命运。

笔者箴言 　原材料存储不合理、不科学既影响生产进度及质量，同时也给企业带来了极高的成本负担。所以不论从哪方面考虑，企业务必要合理使用原材料。

思考题：

1. 如果你是老王你会怎么做？

2. 如何处理原材料混乱问题？

四、原材料混用不可取

在日常生活中我们经常可以看到一些物品混用的现象，如用白纸或报纸代替专用纸包裹食物，而白纸或报纸在生产过程中，不但会添加漂白剂和带有腐蚀作用的化工原料，而且在印刷报纸时，还会用许多油墨或其他有毒物质，会污染食物，危害生命健康。

再例如装修，随着装饰材料种类的日益丰富、功能的日益增多、用途区分的日益精细，材料的污染也日益严重，如胶、漆、板材等常会含有挥发性的有害气体，天然石材、水晶饰品等则易产生有害辐射，所以我们绝不可盲目追求豪华而混用材料，因为人的生命是短暂的、有限的、宝贵的。

生命是一个过程，企业同样也是一个过程。有阳光必然就有风雨，问题是在风雨来临的时候，我们是否能够守候那雨后的阳光。这需要对企业有信心，相信厄运会过去，明天会更好。可是一些心浮气躁的生产管理者却往往没有耐性去远观、静候，不顾产品质量，混用原材料，甚至给企业带来致命的打击。

案例

生产车间情景再现

老刘："老张，你看你们车间是怎么回事？为什么这批上个礼拜的原材料到现在还没有用完？上个礼拜质检部不是交代过了吗，根据上礼拜的生产要求，这批原材料必须按照质检部制定的比例混到产品里面，今天已经礼拜一了，我看你怎么办？"

老张："哎呀，我怎么全给忘了，真对不起，这是我的错，我监督不力。这批原材料到礼拜二早上应该没问题，你看是不是可以先把这批原材料混到你们的产品里面去呢？否则，一旦过了礼拜二就全过期了，况且你们那批新的原材料已经开封，即使混进去也不会有人知道。"

老刘："听起来你说的好像还有点道理，但我们车间也有我们自己的任务，我们必须在这个礼拜把那批新的原材料用完，如果我们把你们剩下的原材料用了，这个比例就会改变，产品的质量也得不到保证，你说我怎么帮你？"

老张："大哥，你就帮帮兄弟吧，就这么一点，即使混进去也不会造成太大的影响，如果让上级知道了，我的饭碗就保不住了。"

在老张的再三恳求之下，老刘终于忍不住答应了，偷偷地将那批剩下的原材料用进了产品里，改变了质检部制定的比例。

事情就这样完了吗？没有。半个月后，这家生产企业被客户起诉了，并要求赔偿经济损失 100 万元。

我们知道，眼睛揉不进沙子，进沙的感觉是难以忍受的。

对于企业而言，对于产品质量而言，原材料混用更不可取。我们应该禁止员工随意拿取原材料，而且在前一批原材料未用完之前尽量不要打开新的原材料，更不能混合使用。

对于供应商或上道工序提供的日期混乱的原材料应该及时反馈。虽然我们都在尽一切可能避免出现问题，而且使用原材料时一直坚持合理使用和先来先用的原则，但有时仍然会有意外情况发生，如受到一些实际条件的限制，让我们无法百分百地遵守合理利用原材料的原则，这时就需要我们的每一位职工都必须把产品质量放在第一，更加小心谨慎地来避免因原材料的混用而引发的产品质量问题。

笔者箴言　　混用原材料最常见的结果就是毁掉产品质量，因而作为管理者务必禁止自己的企业出现这一状况。任何一家想长期发展的企业都必须严格遵守质量第一的生产原则，否则很难在市场上立足。

思考题：

1. 如果你是老刘你会怎么做？

2. 如何处理原材料混用问题？

第五章　大处着眼，小处做起
——产品试制和样品不可少

本章提要：

▶ 什么是产品试制

▶ 如何进行产品试制

▶ 密切跟踪试制的不同阶段

▶ 产品试制应注意哪些事项

▶ 样品在生产中的作用

▶ 如何确定样品

想一想，我们每天有多少宝贵的资源在生产过程中被无情地浪费？
因此，必须增强产品试制观念！

一、什么是产品试制

　　一个企业的员工是否需要加大力度实施培训和教育？一个产品的质量是否可以控制？原材料是否达到标准？产品的工艺设计是否合理？机械设备是否好用？产品的性能是否符合要求？这一系列问题在产品投入正式生产以前如何解决？

　　有关统计资料表明，任何企业的任何产品都或多或少存在质量问题。一般设计不当造成的质量问题占全部质量问题的 50%~70%。

　　产品质量不仅是指制造质量要符合设计的技术要求，而且还应包括发展新产品，彻底提高产品现有质量水平以适应市场和用户的需求。

现代质量管理的理论和实践越来越注重向开发新产品的方向发展。开发新产品与提高产品质量是紧密相关的。而试制是任何一个新产品开发的必经之路，几乎所有问题在试制过程中都会暴露无遗，只有试过之后，才知道问题到底出在哪里，哪些问题是需要解决的。

产品试制是指新产品在完成设计与工艺准备之后，为了使生产活动更加顺利，并且寻求和弥补产品设计上的缺陷，以达到预期的质量和效果，从而正式进行产品的批量生产。可以说产品试制是批量生产的"探路灯"（见图5-1）。

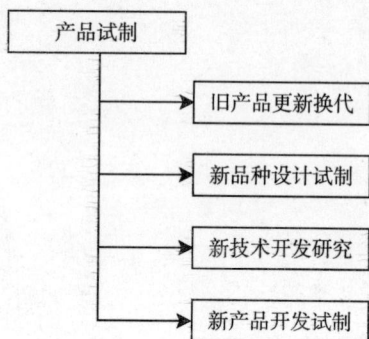

图5-1　产品试制

产品试制又可分为样品试制和小批量试制两种：

①样品试制。样品试制主要是以考核产品的设计质量、产品结构与性能及其主要工艺为目的，根据设计图纸、工艺文件，利用少数必不可少的工艺装备，由试制车间试制出一两件样品，通过检验找出缺陷，对设计图纸作必要的修改，使产品基本定型。

②小批量试制。小批量试制主要是以检验产品设计的工艺性、验证全部工艺文件和工艺装备，并考察它们是否能保证产品质量并达到预期的生产率为目的，为大批量生产创造条件。一般在样品试制的基础上，根据成批生产和大量生产的要求，在通过鉴定和校正修改后，掌握新产品的生产工艺，从而完成从试制到正式生产的过渡。

企业要想在激烈的市场竞争中获得胜利就必须不断地进行试制，必须时时关注客户的需求以及市场各种变化的信息来研究制造新产品、开发创造新项目，以保持企业的持续发展。

案例

镭的诞生

1867年11月7日，居里夫人出生在一个被沙俄占领的波兰教师家庭里。虽然民族的压迫、社会的冷遇、生活的贫困，对于幼年居里夫人来说是不幸的，但却激发了她的爱国热情和奋斗精神。

1891年，她靠自己的努力，用做家庭教师积攒下的钱到法国巴黎大学求学。

1894年，她结识了居里先生，虽然他们生活清贫，但却因共同的为科学献身的理想，而一起努力地工作和学习。

1896年，法国亨利·贝可勒尔发现了铀的放射性，这引起了居里夫人的极大兴趣——射线放射出来的力量是从哪里来的？居里夫人看到当时根本没有人对铀射线进行深入研究，于是决心闯进这个领域。

1897年，居里夫妇选定了他们的研究课题——对放射性物质的研究。他们的研究工作最初在一个非常简陋的实验室里进行。夏天，实验室里的温度可以高达40℃，简直就像一个烤箱；冬天，实验里的温度又会降到-30℃以下，但居里夫妇克服了人们难以想象的种种困难，为了理想，为了提炼镭，他们辛勤地奋斗着。

一天，居里夫人想到，矿物是否有放射性？在皮埃尔的帮助下，她连续几天测定所有能够收集到的矿物的放射性。她发现一种沥青铀矿的放射性强度比预计的强度大得多。居里夫人立即投入了提取实验，她每次把20多公斤的废矿渣放入冶炼锅熔化，连续几小时不停地用一根粗大的铁棍搅动沸腾的材料，然后从中提取百万分之一的微量物质。

就这样，他们从1898年一直工作到1902年，经过整整四年的辛勤劳动，经过几万次的提炼，处理了几十吨矿石残渣，终于第一次提炼出了1/10克多一点的纯氯化镭，测定出了它的原子量是225，后来还第一次获得了金属镭。

镭宣告诞生了！

正是这个研究课题以及千万次的实验，把居里夫人带进了一个科学的新天地，开垦了一片属于她自己的处女地，奠定了现代放射化学的基础，为人类做出了伟大的贡献。

> 1903年，巴黎大学授予居里夫人国家理学博士学位，而且她和居里先生、贝可勒尔同时获得了诺贝尔物理学奖。

从这个案例中我们可以看出，任何一位伟人的任何一项伟大的发明，都需要经过持续不断地反复探索、实验、试制才能够取得成功。

对于企业而言，无论是旧产品的升级换代，还是新产品的开发，都要经过产品试制的过程，产品质量是否能够满足客户要求，达到使用的标准，首先取决于这个过程。产品试制是产品质量形成的起点，对产品质量的提高有着决定性的影响。

一般产品性能差、可靠性低等问题是由设计上的原因造成的，如果没有经过产品试制就盲目进行大批量生产，那么无论怎样在制造上下工夫，产品质量也不可能得到改善，即使通过工序质量控制也只能减少产品个体之间的差异，治标不治本。因此只有加强产品试制才能从根本上保证产品的质量。

笔者箴言　产品试制从另一方面监控了质量问题，并将质量控制提前，使生产中的质量得到了良好的保障。也就是说，只有将质量管理控制在源头，我们才能高效地生产优质产品。

思考题：

1. 为什么要对产品试制？
2. 什么是产品试制？

二、产品试制流程

不断开发新产品，或将旧产品升级换代是企业在激烈的技术竞争中赖以生存和发展的命脉，而产品试制是实现"生产一代，试制一代，研究一代，成功一代"的产品升级换代目标的重要阶段，它在使企业明确发展方向、创造产品优势、开拓新市场、提高经济效益等方面起着决定性的作用。

案例

新型艾滋病基因疫苗

2008 年，法国一家生物制药公司通过媒体正式向外界宣布了一项决定：将试制一种新型艾滋病基因疫苗。这不仅是一种治疗疫苗，而且还可以使人体对艾滋病病毒产生免疫力。

据这家名为"转基因"的公司的专家介绍，新疫苗的研制是在现有的预防疫苗的基础上进行的。预防疫苗已经有了不错的效果，可以有效地防止机体感染病毒，这种新型艾滋病疫苗不仅含有特殊的分子载体，可诱使人体免疫系统发挥抵抗病毒的作用，而且可以承载艾滋病病毒的某些特征基因，增强人体免疫系统对病毒的抵抗能力。换句话说，只要将含有这种基因的载体导入机体后，不会像完整的艾滋病病毒那样造成危害，但可以诱导机体产生针对艾滋病病毒的免疫反应，制造大量抗体，从而增强机体抵抗艾滋病病毒的能力。

专家还介绍，新疫苗不会直接注入人体，而是会先经动物试验成功后，在质量有保证的前提下再进行临床试验。

其实，自 1980 年起，科学家就开始不断地研制艾滋病疫苗。目前世界上已经有十几种艾滋病疫苗正在进行临床试验，但真正可靠的疫苗哪一年能制成尚难断言。

不过近几年来，各类新型艾滋病疫苗层出不穷，这表明相关科研速度已经明显加快。获得成功的艾滋病疫苗的时间有可能提前到来。

有的产品在投入市场以后获得了巨大的成功，像法国这家生物制药公司之前生产的预防疫苗已经取得了良好的成果，但现在仍然需要主动试制。

这是因为任何企业如果想要长期立于不败之地，永远拥有竞争优势，就必须让产品的各个生产因素时时刻刻处于最佳的组合状态，只有这样才能保证企业的产品是最优的和客户最需要的。

然而，任何事物都有两面性，主动试制也不例外。当产品的生产因素发生改变时，为了保证产品的质量，让生产活动不受到阻碍，企业不得不改变原有的生产方式，只好在被动的情况下对产品的生产因素重新进行组合，这称为被动试制。

其实，无论是主动试制还是被动试制，都是为了让产品由设计转化为可以出厂的优质产品。因此，产品试制必须严格遵循产品开发的科学管理程序（见图 5-2）：

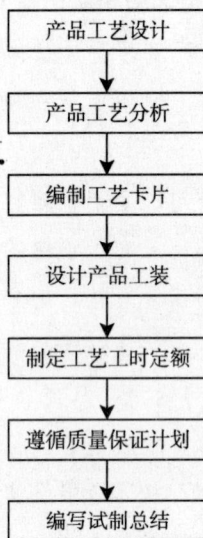

```
┌─────────────────┐
│   产品工艺设计    │
└────────┬────────┘
         ↓
┌─────────────────┐
│   产品工艺分析    │
└────────┬────────┘
         ↓
┌─────────────────┐
│   编制工艺卡片    │
└────────┬────────┘
         ↓
┌─────────────────┐
│   设计产品工装    │
└────────┬────────┘
         ↓
┌─────────────────┐
│  制定工艺工时定额  │
└────────┬────────┘
         ↓
┌─────────────────┐
│  遵循质量保证计划  │
└────────┬────────┘
         ↓
┌─────────────────┐
│   编写试制总结    │
└─────────────────┘
```

图 5-2　产品试制管理程序

第一，进行新产品工艺设计。根据新产品任务书，提出安排并利用厂房、面积、设备、测试条件等要素的设想制定出简单的工艺路线。

第二，进行产品工艺分析。根据产品方案设计和技术设计，做出材料改制、元件改装、选配复杂自制件加工等几项工艺分析，并对产品工作图的工艺性进行审查。

第三，编制试制所用的工艺卡片。主要包括：工艺过程卡片（路线卡）；关键工序卡片（工序卡）；装配工艺过程卡（装配卡）；特殊工艺、专业工艺守则。

第四，根据产品试验的需要，设计必不可少的产品工装。参照样品试制或小批试制符合系数要求的工艺，本着经济可靠、保证产品质量的原则，充分利用现有的工装，如通用工装、组合工装、简易工装、过渡工装（如低熔点合金模具）等。

第五，制定试制材料消耗工艺定额和加工工时定额。

第六，在制造零部件或总装配时应遵循质量保证计划进行，加强质量管理和信息反馈并做好试制记录，编制新产品质量保证要求及相关文件。

第七，编写试制总结。着重总结图样和设计文件验证情况，以及在装配和调试中所反映出的有关产品结构、工艺及产品性能方面的问题及其解决过程，并附上各种反映技术内容的原始记录。

在产品试制的每个程序中，都能够或多或少地反映出各式各样的问题，只有对这些问题在产品的试制阶段进行仔细、全面的了解和分析，并使用各种有效的方法彻底解决，产品的质量才能最终得到提高。

笔者箴言　　建立良好的试制流程可以为企业新产品开发奠定基础，因为只有不断开发或升级产品才能让企业在市场中具备竞争力。

思考题：

1. 什么是主动试制与被动试制？

2. 如何试制产品？

三、密切跟踪试制的不同阶段

我们在前面已经了解到，质量的管理是一项系统工程，涉及企业的各个部门，如生产、质量、工程、物资等部门，但产品试制同样也是一项"工程"，只有密切跟踪产品试制的不同阶段，从细小之处做起，多一分细心，少一分粗心，多一分责任，少一分推诿，那么，我们的质量才会稳步上升（见表5-1）。

表5-1　产品试制的不同阶段

产品试制 前期阶段	①明确产品试制的目的、方法、对象、数量、时间和地点 ②为便于解决产品生产要素中存在的问题，每次试制时所改变的对象应以一个要素为宜 ③首次试制应以样品试制为主，而且数量应控制在1~3个；成功后可进行小批量试制 ④为避免产品试制时出现合格品与试制品的混乱，应提前对试制对象进行标示 ⑤如果要对产品试制的操作设备进行调整，就必须获得相关部门的指导
产品试制 工作阶段	①制作工艺卡片，争取从第一个产品试制开始，让所有工作人员都严格按照新要求进行生产 ②如果产品试制的难度较大或时间较长，一个班次无法全部完成，管理人员在交接班时必须将所有相关情况交代清楚 ③如果在产品试制时需要多种产品同时试制，则必须将每个试制对象进行标示 ④如果在产品试制的过程中发现无法排除的不良因素时，管理人员应立刻停止试制，并将不良情况反馈给质检部门以做处理 ⑤如果一次试制不能成功，应将试制失败的产品交到质检部门进行分析、研究，为下次试制做基础，其他人员不可擅自处理，以免影响试制
产品试制 后期阶段	①随时跟踪试制的状况，并将试制的成功产品送交质检部门进行检验 ②总结并积累产品试制过程中的经验，以免在以后的工作中再次出现类似问题

产品试制不一定要像科学家一样创造出伟大的发明，只要能克服浮躁的心态，密切跟踪试制的不同阶段，认真做好每一件平凡的小事，加强自我管理，就一定能够在"平凡的工作"中做出不平凡的业绩。

案例

分解马拉松

1984 年，在东京国际马拉松邀请赛中，一位无名小卒、成绩平平的日本选手山田本一创造了他参加马拉松比赛的奇迹——夺得了世界冠军。

当记者们用一种无法相信的语气问他："你依靠什么取得了如此惊人的成绩？"他不慌不忙地说了一句让人百思不得其解的话："凭智慧战胜对手。"

很多人都知道马拉松赛是考验体力和耐力的运动，只要身体素质好又有耐性就有望夺冠，爆发力和速度都还在其次，说用智慧战胜对手确实过于牵强。

当时，很多人也根本不相信这个名不见经传的矮个子是凭什么智慧取得的冠军，内心里都认为这个选手取得冠军纯属偶然，是在故弄玄虚。

1986 年，山田本一再次代表日本参加了在意大利北部城市米兰举行的意大利国际马拉松邀请赛。这一次，他又获得了世界冠军——爆出冷门。记者又一次请他谈经验。

山田本一性情木讷，不善言谈，回答的仍是上次那句话：凭智慧战胜对手。这回记者在报纸上没再挖苦他，但对他所谓的智慧仍然迷惑不解。

时间一年一年过去，转眼 10 年已逝，当人们快要忘记这个选手的时候，他却在自传中对"凭智慧战胜对手"做了这样一段描述："每次比赛之前，我都要乘车把比赛的路线仔细看一遍，并把沿途比较醒目的标志画下来。比如第一个标志是房子，第二个标志是一个广告牌，第三个标志是一座别墅……这样一直画到赛程的终点。比赛开始后，我就以跑百米的速度，奋力地向第一个目标冲去，过了第一个目标后，我又以同样的速度向第二个目标冲去。起初，我并不懂这样做的道理，常常把我的目标定在 40 公里外的终点的那面旗帜上，结果我跑到十几公里时就疲惫不堪了。我被前面那段遥远的路程给吓倒了。"

越是远大的目标，看起来就越是遥不可及。但如果你将目标分成几段，以此淡化困难，坚定信心，你便会觉得它们离你并不遥远，最终便可以让自己成功地抵达目标。

质量关系到企业的成败存亡，质量管理是一个大的工程，但产品试制同样是一个不小的"工程"，我们只要像山田本一跑马拉松那样，将产品试制分解成不同的阶段，并对不同的阶段进行密切的跟踪、关注、改进，生产高质量产品，实现产品质量的全面提升并不困难。完成产品试制也需要相关部门的共同努力（见图5-3）。

图5-3　相关部门共同完成产品试制工作

笔者箴言

产品试制能否一次成功关系到产品质量的高低，同时也关乎产品在市场竞争中的地位，所以不管是哪个阶段，所有参与人员都要相互协调、互相监督，力保产品试制一步到位。

思考题：

1. 如何跟踪试制的不同阶段？

2. 山田本一是如何分解马拉松的？

四、产品试制注意事项

产品试制是一个由开发部门转移并过渡到生产部门的过程，即当产品开发进入试制过程时，工作的部分重心就已经由开发部门转到了生产部门。此时，虽然可以把产品的试制作为一个单独的项目来管理，但应注意以下事项：

①由于产品试制过程是产品质量形成过程的起始环节，因此，产品试制过程

的质量管理也是整个制造过程的质量管理的起点，或者说是使各环节质量管理有效的前提。

如果产品在试制过程中没有得到良好的质量管理，那么产品的功能、性能、结构等也就会随之下降，以后的生产中的产品质量更无从谈起。不仅会影响产品质量，还会影响投产后的生产秩序和经济效益。

②虽然产品的试制由开发部门转移并过渡到了生产部门，而且工作的部分重心也由生产部门取代了，但开发部门也要负部分责任，因此产品的试制是涉及两个部门的工作过程，此时应当成立一个由两个部门人员组成的项目组，在试制过程中进行大量的协调与沟通工作，以减少推诿扯皮现象。

③产品试制包括开发新产品和改进老产品，也就是在产品正式投入批量生产之前，而必须进行的全面、具体的调查研究和全部的生产技术准备过程，如市场调查、试验研究、制定方案、产品设计、工艺设计、工装设计与制造、试制与鉴定等。

④产品试制阶段的质量保证活动，虽然是以生产部门为主展开的，但为了保证产品的设计质量，以及试制中有完整的标准工作程序和管理制度，生产部门必须注意与经营部门、生产部门、销售服务部门以及其他有关部门之间的协调与配合。

⑤产品试制的目标除了要达到大批量生产的要求外，还要达到产品结构的工艺性、标准化水平、消耗及成本、试制周期、生产效率等各个制造方面对设计工作的要求，为制造过程的质量管理奠定良好的基础，此外，更重要的是要满足用户的要求。因此，必须对大量情报进行系统分析识别，并确认用户对新产品明确的或潜在的要求，准确界定新产品质量特性，尽可能降低未来市场风险。

⑥由于产品质量不仅体现为产品的性能指标，还决定了产品的可靠性、经济性以及产品使用时会不会给社会带来有害影响等一系列问题，所以在产品试制阶段，怎样对产品质量进行优化设计，如何延长产品的使用寿命和实现产品的无故障性等问题都是要认真考虑和注意的问题。

⑦懂得失败乃成功之母，产品试制其实就是在做实验，可能要经过千百次的试制才可以使产品的各个生产因素实现最佳组合，对于生产现场的工作人员来说，要在试制中积极配合、认真执行、严格管理，并从失败中不断总结经验。

案例

猴子试验

曾经看过这样一个故事：有六只猴子被同时关进一间封闭得很严的房间，每天只能得到很少的食物，不但吃不饱，而且有的猴子饿得乱叫。

一周后，关猴子的人在房间的窗口上放了一串香蕉，一只饿得快要发疯的猴子箭一般地向香蕉扑去，但这只猴子还没有碰到香蕉就被关猴子的人用棍子顶了回来，而且重重地摔倒在地上，当后面的五只猴子依次跳上去拿香蕉的时候，也都享受到了同样的"待遇"。无奈之下，六只猴子只好望"蕉"止"饿"。

几天后，关猴子的人换了一只猴子放入房间，当这只新来的猴子饿得想要跳上去吃那串香蕉时，立刻被其他五只老猴子制止了，并示意这只新猴子会受到怎样的"待遇"，千万不可尝试。当关猴子的人再换了一只猴子放进房间时，房间内发生的情景和第一只新猴子进来时所发生的情景完全一样。

老猴子继续被一个个换出来，当房间里全是新猴子时，虽然没有任何一只猴子受过伤，关猴子的人也停止了阻挡，香蕉近在咫尺，却没有一只猴子敢去享用。

从这个故事中我们可以看出，猴子为了避免再次受到伤害，从而变得畏首畏尾。对于企业而言，产品试制便是不断发现问题并解决问题的过程，如果害怕问题的产生而停滞不前，不懂得时过境迁，依然恪守以前的失败经验，只能像那群"聪明"的猴子一样，白白错失大好机会。

面对日趋激烈的竞争形势，面对种种意想不到的危机，面对变幻莫测的消费市场，企业只有不断开发适销对路的新产品，才能保持旺盛的发展气势，只有通过加快产品的设计和试制，才能保证产品的质量，提高自身的生存能力和竞争能力，在市场经济的舞台上谋得一席之地。

笔者箴言　产品试制看似一项小实验，实则关乎企业发展的重要举措，因而所有人员不得有丝毫怠慢之态。

思考题：

1. 产品试制应该注意哪些事项？

2. "聪明"的猴子为什么不敢去吃香蕉？

五、体会样品的重要性

出了质量问题，怎么办？很多人心里首先会想到：处理这样的事，除了处罚员工，重新再做，别无他法。

然而，惩处员工，重新再做，错误就不会再犯了吗？

在实践中，刚性的制度、严厉的惩处并不能阻止错误的产生。

第一天，一只袋鼠从笼子中跑出来，管理员见状大惊，忙把笼子加高了一米。第二天这只袋鼠仍然从笼子中跑了出来，管理员便将笼子加高到了两米。

这时，管理员以为从此袋鼠再也不可能从笼子中跑出来了，但结果却并非如此。

第三天，这只袋鼠又从笼子中跑了出来。管理员又不辞辛苦地将笼子加高到了三米。

此时，旁边笼子里的大象非常疑惑地问袋鼠："你要等管理员把笼子加高到多少米才会停止？"这只袋鼠说："不知道，只要他们继续忘了锁门的话，加高到多少米也没有用。"

这样的情况在企业中又何尝不是常常出现呢？为了提高产品质量，有些管理人员就像加高袋鼠的笼子一样，只会滔滔不绝地向员工讲述应该如何如何去做，可以做什么，不可以做什么，应该注意什么等。

殊不知，如果有一天，管理员终于发现，笼子没有锁，然后锁上了，问题不是就解决了吗？

在生产中，如果可以直接给员工样品，让员工进行自主判定，岂不是可以很好地将操作中出现的差异控制在我们所要求的可接受的范围之内了吗？

案例

巡抚育儿

清朝时期有一个巡抚的夫人生了一个儿子,而且巡抚夫人非常重视儿子的学业和前途,一直都希望儿子长大成人之后能够成为国家的栋梁,至少也应该像他的父亲一样可以做一个巡抚。

于是,巡抚夫人对儿子严厉管教,每天都会将好好学习、诚信待人、多做好事、少惹是非、要知书达理等一些话对儿子说上十遍八遍,早上说,晚上说,上学说,下学继续说。

而这位巡抚大人却好像没有这个儿子一样,每天照常一大早起来就开始出去办公务,一直到天黑才回来,而且回到家后又一头钻进书房,对自己的儿子可以说根本不管不问。

有一天,巡抚夫人终于忍不住了,对着正在聚精会神地看书的巡抚又是哭又是闹:"你怎么这么没有良心,我们的儿子已经这么大了,你却只管你自己的事,从来也不管教管教儿子,再这样下去,我们的儿子还能有出息吗?还能出人头地吗?"

巡抚听完她的话,不急不躁,头也不抬一下地说道:"你看我正在干什么,我这不是正在教育我们的儿子吗?"

苏格兰散文家汤玛士·卡莱尔曾说过:"我们该做的不是看着远在天边的东西,而是做已经在手上的事。"

在企业管理中,与其盲目地指导员工如何做,不如直接给员工一个样品,让员工自己去判断产品质量的好坏。

笔者箴言 ▶ 样品是限量生产甚至是批量生产能否开始的基础,一旦样品符合相关的生产标准以及能够满足客户需求,企业就可以走向量化生产。

思考题:

1. 样品为什么重要?

2. 你体会到样品的重要性了吗?

六、如何确定合适的生产样品

"又要返工，有没有搞错?"一位员工一头雾水地问道，"我们不是完全按照样品做的吗，怎么还有问题呢?"

很多时候，如果只提供给员工一个样品，而不告诉员工样品本身的等级，那么员工只能根据自己的标准对样品进行判断，并依据自己的并不一定准确的判断而对产品进行加工。

由于每一个人的爱好、习性不同，对同一件事物的判断标准也会不一样，而且随着每一个人年龄的不断增长和受教育程度的差异，对同一件事物的判断标准也是不同的。

当我们只提供一个样品时，每个员工就会以自己的主观判断为标准。如果员工的判断标准高于样品的标准，一些合格品就会被当作不合格品被处理掉，为企业带来损失；如果员工的判断标准低于样品的标准，一些不合格的产品就会混入合格品中，为产品质量带来隐患，如图5-4所示。

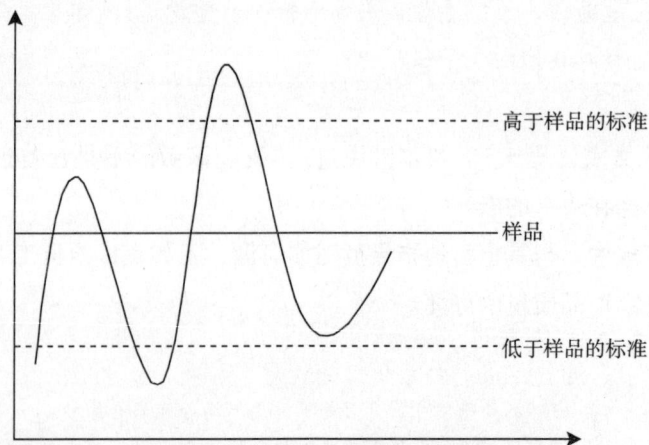

图5-4 只为员工提供一个样品

质量管理大师朱兰曾经举过一个例子："投宿旅馆时，假设你听到有人高喊失火，就拿灭火器灭火，按警铃通知消防队，让所有人都安全逃出——看来你似乎做对了。但扑灭火焰这件事本身并未改善旅馆的消防系统。"

戴明也曾提出："质量不是来源于发现问题而后改进，而是来源于改进生产的过程，必须将传统的把次品挑出来改为不生产次品，即从秋后算账变为事前预防。"

发现并解决一个问题，仅仅是恢复，并没有改善原来的状态。对于企业而言，提供一个样品只是一次"质量事件"，但如果不重新审视流程的合理性的话，那么终有一天会失去其继续成长的可能性。从长远看，这甚至是一种慢性自杀的举动。

如何保证不生产次品呢？这就需要系统的持续改善，在流程的各个环节，都要严格控制，不断改进，由只提供一个样品改为提供两个样品，即上限样品和下限样品，这样才能增强员工的责任意识，使生产系统恒久处于高质量状态，如图 5-5 所示。

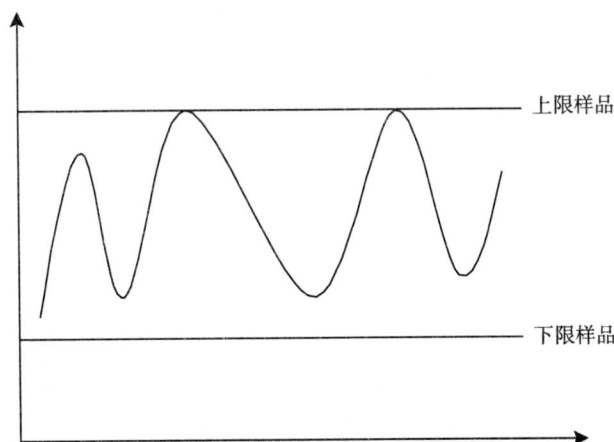

图 5-5　为员工提供两个样品

案例

骑车实验

曾有人做了一个试验，他让三个人分别骑着自行车沿着三条不同的路向 50 公里以外的目的地进发。

第一个人不知道去哪里，也不知道路程有多远，他只被告诉沿着路走就可以了。刚走了不远第一个人就开始叫苦；走了全程的一半时，他又开始抱怨："为什么要走这么远，何时才能走到？"再往下走，就不愿走了，越往后，这个人的情绪越低迷，笼罩在失落悲观之中。

第二个人知道目的地的名字，但并不知道路程有多远，他只能凭经验估计行程的时间和距离。刚走全程的 1/3 时，这个人就凭自己的经验告诉自己："我大概已经走了一半的路程了。"于是又充满信心地向前走，当走到全程的3/4时，这个人开始情绪低落，觉得疲惫不堪。因为他觉得凭自己的经验来判断应该已经到达目的地了，而路程似乎还很长，放弃的念头不由地在心中生起。

第三个人不仅知道目的地的名字、路程，而且路上每一公里就有一块里程碑，他边走边看里程碑，距离每缩短一公里便会感到一点快乐。行程中他不断用歌声和笑声来消除疲劳，情绪一直很高涨，轻松地到达了目的地。

其实，试验中目的地的名字、路程和路上的里程碑正是我们向员工提供的"样品"。但是，此外，我们还需要在"中途"时不断进行确认，如果我们只在生产开始时确认了合格，而后就置之不理，那么在全程中可能还会出现错误。因为随着时间的推移，样品也会发生变化。

样品和所有产品一样都有一定的保质期，如果样品的功能、形状或色泽发生了变化，产品的质量也就失去了保证，因此在生产过程中，一定要对样品实施严格的保管制度。

笔者箴言　如果生产现场没有明确的产品标准，那么每一名员工拿到样品都会做出不同层次的产品，所以管理者应该明白一件事：在操作员工面前给出的样品必须明确其生产环节的操作标准。

思考题：

1. 我们要为员工提供一个样品还是两个样品？
2. 案例中的三个人为什么只有第三个人到达了目的地？
3. 样品需要保管吗？

第六章 成也细节，败也细节
——抓好制程的品质管制

本章提要：

▶ 什么是制程管制

▶ 制程变动的原因与对策

▶ SOP 制程管制

▶ 无意识差错的产生及防止

▶ 如何对制程进行审核

一个企业所建立和实施的质量管理体系，应能满足企业规定的质量目标，能确保影响产品质量的技术、管理、制程等因素处于受控状态。

制程管制是质量管理的核心，不管是在质量控制阶段还是在全面质量管理阶段，制程管制始终发挥着不可替代的作用。

一、制程管制概述

香烟爱上火柴，就注定要被伤害！一个企业一辈子只会为生存冒险！在充满竞争的世界里，没有谁对不起谁，只有谁不懂得珍惜品质。

在市场经济竞争如此激烈的今天，有些企业已经被逼到了生死存亡的边缘线上，在不得已的情况下由"价格战"进入了大规模的"质量战"，希望通过这一方法使企业生存下去。

然而，残酷的"质量战"不仅没能有效地让企业起死回生，反而将一些企业进一步拖进了"泥潭"。究其原因，主要是这些企业没有真正明白，引发企业生存危机的根本原因是什么？对企业的"利润来源点"——制程没有进行有效的质量管理。

制程即生产过程或制造过程，是产品质量的直接形成过程和主要阶段，也是消灭质量事故的阶段。

制程管制的目的是保证实现设计阶段对质量的控制，尽可能地抑制和消除生产过程中的变数，并建立一个控制状态下的生产系统，以保证制品品质的稳定性。

通常产品投产后能否保证达到设计质量标准，不仅和制造过程的技术水平有关，还和制造过程的质量管理水平有关。

虽然生产企业不断地引进自动化的先进设备进行连续性生产，但由于原料差异、操作人员技术熟练度以及生产现场管理水平差异，不同时段生产的产品在重量、形状以及性能等方面均存在一定差异，从而导致了不合格品的产生，这意味着大量物料、人力和时间的浪费。

而制程管制可及时进行产品品质的反馈与改善，在生产初期就避免或减少不良品的产生。

案例

广州本田成功之道

广州本田汽车生产公司现在已是世界上颇具竞争力的生产企业之一。然而，回顾本田公司的历史，其之所以能够取得如此辉煌的成就，是因为本田公司在其成立之初引进日本本田的 ACCORD（雅阁）轿车的最新车型和技术的同时，也引进了日本本田公司的先进和成功的品质管理体系——基于精益生产方式的全员、全过程的质量控制，使产品品质达到最高水平。

之后，广州本田公司改变了生产企业一贯由质量部门负责质量的传统做法，把质量管理的重点放在了生产过程上，而且这一做法在世界各本田汽车生产工厂得到应用和推广，成为了本田品质实现世界统一的基础。

首先，广州本田公司规定所有员工在制造过程中不仅必须严格执行"三不"原则：不接受、不制造、不放过任何缺陷，而且要对关键、重点工序的质量实施专项监控。

例如，对于车身整体精度、行驶安全等影响非常大的工序，在生产过程中，除了要有正常的本岗位保证外，还要有实施后工序确认、专岗增大抽查频度或实施全检等措施，以确保产品质量。

其次，广州本田公司积极推进设备作业点检和有计划的大规模精度校对，由于生产过程中的设备与计量设备不但是正常生产的基础，而且是确保品质的基础，因此，广州本田公司不但对全部设备进行危机管理控制，而且对每批次生产的首件、本件实施强化检查。

最后，广州本田还针对生产过程专门建立了快速质量信息反馈和控制体系，强化在问题发生点与问题解决之间的热线联系，要求员工必须在第一时间把发生的质量缺陷反馈到源头部门。

例如，部门与部门之间、班组与班组之间、岗位与岗位之间都必须建立质量信息沟通体系。

广州本田这种严格按照作业标准进行的作业，非常有效地实现了生产过程的质量保证，从而确保了岗位质量制造的稳定性，整车一次合格率达到95%以上。

一般来说，制造过程中的质量管理，应当抓好以下几方面的工作（见图6-1）：

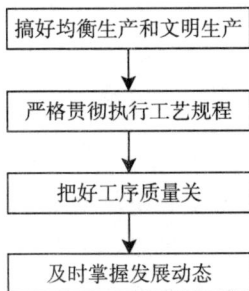

搞好均衡生产和文明生产

↓

严格贯彻执行工艺规程

↓

把好工序质量关

↓

及时掌握发展动态

图6-1　制造过程的质量管理

第一，搞好均衡生产和文明生产。均衡生产和文明生产是保证产品质量、消除质量隐患的重要途径，均衡的、有节奏的生产过程，以及良好的生产秩序和整洁的工作场所不仅代表了企业经营管理的基本素质，同时也是全面质量管理中不可缺少的组成部分。

第二，严格贯彻执行工艺规程，降低不合格品产出率。不合格品是影响产品质量提高的一个重要因素，要想降低不合格品产出率，确保工艺质量，就必须在制造过程中的各道工序中严格贯彻执行工艺规程，及时了解制造过程中产出不合格品的系统因素，对症下药，使制造过程恢复受控状态。

第三，把好工序质量关，搞好工序质量控制。制造过程中的各工序是产品质量形成的最基本环节，只有把好工序质量关，针对生产工序或工作中的质量关键因素建立质量管理点，并对设备工作状态进行有效控制，才能保证产品质量，预防不合格品的产生。

案例

掺假事故多

老周是产品线 A 环节的质量监管员，但是现在这批半成品存在一些小瑕疵。如果让班组人员返工势必影响生产进度，于是老周找到了下一道工序的监管员老李。

老周：老李大哥，我现在遇到点事情，需要您的帮助啊。

老李：只要不是工作的事情，都好说。

老周（一脸愁容）：老李大哥，这个事情就是工作上的。您也知道，这次任务紧急且原材料供应有限，所以我们既要保证出库时间也要确保产品质量。但是我们组这道工序要求比较细，又加上很多员工都是才上岗，操作上出现了一点问题。但是我都看过产品了，只要在你们这道工序稍微注意一点，保证产品质量是没有问题的。

老李：这个需要返工啊，不能延续到下一道工序……

老周：老李大哥，这不是紧急任务，需要赶工嘛！你放心，只有几名新入职员工的产品有点问题，我都将其筛选出来了，只要对这部分产品做一些补救工作就可以了。我们这不也是为大局着想嘛！

老李自然知道这批产品的出库时间有多紧，只能应付了事。

我们知道，不论下一道工序如何补救，都无法呈现出产品最原始的性能。一个月以后，售后部门接到很多顾客的质量投诉……

第四，及时掌握每一环节的质量状况和发展动态。制程管制是为了尽可能地抑制和消除生产过程中的变异，所以必须全面、准确、及时地掌握制造过程中各个环节的质量现状和发展动态，并积极建立和健全各个质量信息源的原始记录工

作，这样才能真正起到制造过程质量管理的预防作用。

总之，对于生产企业而言，生产过程质量控制是一个必不可少的重要的管理手段。通过实施和强化生产过程质量控制，既可以保证产品质量，又能锤炼干部职工队伍，形成好的工作作风和较高的技能，有利于进一步提高企业管理层次和生产水平，提高工作效率，不断增强企业的竞争力。

笔者箴言　整个生产过程的质量监管工作都非常重要，任何一环节出现问题都将直接影响产品质量及使用功能。

思考题：

1. 什么是制程管制？

2. 为什么要对制程进行管制？

3. 广州本田公司的合格率为什么可以达到95%以上？

4. 制程管制应该做好哪些工作？

二、制程变动的原因和对策

在"质量市场"的酣战中，白热化的竞争使得部分企业在如何吸引消费者的眼光方面可谓煞费苦心，但产品本身生产过程中的品质波动却没有引起企业足够的重视，而且许多企业对怎样控制产品品质波动不知从何入手，导致了大批量生产出的产品的品质与品质标准相差甚远，无法满足消费者的需求，结果是市场上的回头客较少，生命周期较短，企业难以进入良性循环的轨道。

其实，生产企业经过生产程序制造出来的成品或半成品，都应该列入制程管制，而且制程管制中的绝大部分数据都来源于量测系统，影响量测结果有很多因素，如环境的影响、量测设备本身的老化、量测方法不正确、人员读取数据时的误差等。

因此，所有可能造成制程变异或者会影响产品品质特性的因素，同样也要被列入管制。为了保证产品质量的稳定性及正确性，我们必须对量测系统予以适当的管制，并应针对制程变动的原因制定可靠的、有效的对策，减少和降低品质的变异，如表6-1所示。

表 6-1　制程变动的原因和对策

主要原因	问题分解	解决对策
员工对于生产流程和制度不能正确理解和执行	①缺乏经验，根本没有能力胜任 ②员工属于新手，缺乏适应期 ③缺乏培训、教育或教导不良	①指定专属人员进行操作，或制定明确的作业标准 ②及时进行培训或教育，灌输现场人员良好的品质观念
生产管理者对制程管制的能力不足	①必要的工具未充分准备或用错 ②误解标准或粗心大意	①针对如何正确操作设备、工具实施岗位训练 ②针对操作者实施自主管理，并建立流程制度和工作标准
制程品质稽核不够严密	①上道工序出现的问题或由于原材料变质 ②机械设备出现故障或检测工具存在误差 ③指令有误或使用方法不当	①坚决制止不良品进入，争取做到不接受不良品、不制造不良品、不传递不良品 ②对机械设备进行定期维护保养，检测工具要定时校准 ③由于基层员工的素质、能力、意识在企业中处于较低水准，必须让其工作内容更简单，方便作业
品质意识和责任意识相对缺乏	①管理上使员工缺乏工作压力 ②企业内部或组织上对员工的激励不够	建立适当的责任归属，并定期开展产品质量评比活动

　　每个人的认知都会存在片面性，对于工作的认知也是一样。所以，在允许的范围内，我们都要不断增强自己的认知能力，并不断拓宽自己的认知层面。

案例

认清根除问题的源点

　　制造者：如果我的工作出现问题，那么整个产品都将受到影响。

　　质检者：你太自大了吧？如你所说，我们质检都可以失业啦！

　　制造者：我是实事求是地说，质检是产品完成以后的加固工作，也是非常必要的。

　　质检者：既然你们在制造过程中都很完美了，干嘛还要做质检，多此一举！

　　制造者：……

　　质检者：……

　　另外，在推行制程管制的过程中，以下几方面的工作应引起生产管理人员足够的重视：

　　①选定人员，进行良好的训练。品质是制造出来的，不是检验出来的。企业

的一切工作是靠人去完成的。而产品生产有其专业知识及理论基础，如果要将这些专业知识和理论基础演化为实用性的技巧，不但需要由既熟悉理论知识又具有实践经验的专业人员来进行，而且必须实施连续良好的教育训练才能尽快解决由企业内成员工作经验的不足及理念上差异所造成的沟通困难。

②选定材料。虽然优良的原材料是生产高品质产品的先决条件，但一些企业往往认为原材料愈便宜愈好而忽视了原材料的品质。然而，优良的原材料是生产优质产品的基础，所以根据企业自身对产品的定位，选择品质适当的原材料是非常重要的。

③注重利用工程知识统计方法。工程知识统计方法是在产品制造过程中将制造条件充分标准化，并将其变动控制在管制状态下，使产品品质符合规格要求，如果发生异常情况，就能够快速找出异常原因，加以消除并防止异常再度发生的工作方法。

生产过程的质量控制是企业质量保证体系中的重要环节，是影响品质成败的关键，是企业所有员工的责任，是一个与企业整个生产活动都有关联的质量管理模式。它与企业产品生产过程有直接联系，能从制度和措施上为提高产品质量水平提供保证，从而使企业上下通力合作，使企业产品质量达到设计要求并符合工艺规定，这种控制和提高产品质量的作用是其他质量保证体系所不具有的。

笔者箴言 良好的制程既可以灵活地做出调整，也可以帮助企业减少风险。所以，企业需要构建属于自己的制程模式，这样才能有效把拉质量关。

思考题：

1. 制程变动的原因有哪些？
2. 如何解决制程管理中出现的问题？

三、SOP 制程管制

在作坊手工业时代，通常一件成品由一个人独自完成，工序少，分工粗，而且当时对于员工的培训、教育也主要是以长时间学习与实践的师徒形式来实现的。

然而，随着时代的不断前进，生产规模的不断扩大，产品的日益复杂，分工的日益明细，品质成本的急剧增高，各工序的管理也日益困难了。如果只是依靠作坊手工业时代的操作方法，不仅无法控制制程品质，甚至连员工也不能适应规模化的生产要求。因此，必须以作业指导书的形式统一各工序的操作步骤和操作方法。

哈佛大学企业管理博士后余世维在他的讲座中曾经说过这样一句话："一个企业要有两本书，一本书是红皮书，是公司的策略，即作战指导纲领；另一本书是蓝皮书，即SOP。"

SOP是Standard Operation Procedure三个单词的首字母缩写，即标准作业程序，就是实实在在地将某一事件的标准操作步骤和要求以统一的格式描述出来，用来具体指导和规范日常的工作。

从对SOP的上述基本界定来看，SOP具有以下内在特征：SOP是一种程序，是对流程下面某个程序中关于控制点如何来规范的程序，不是对结果的描述，不是理念层次上的东西，也不是制度或表单，更不是所有随便写出来的操作程序都可以称作SOP。

如果结合ISO9000体系的标准，SOP是经过不断实践总结出来的在当前条件下可以实现的最优化的操作程序设计，用更通俗的话来说，所谓的标准，就是尽可能地将某一程序中的关键控制点或相关操作步骤进行细化、量化、优化，而细化、量化和优化的度就是在正常条件下既让员工都能理解又不会产生歧义。

案例

打破人类极限

1945年瑞典运动员哈格用4分1秒3的成绩创造了世界纪录后，人类一直认为要在4分钟内跑完1英里（约1609米）是件不可能的事，而且几乎全世界所有的运动专家、心理学家都做出了一个结论：1英里4分钟是人类的极限，不可能再有人能以更短的时间突破它。

然而，1954年5月6日，牛津大学医学院学生罗杰·班纳斯特在历史上留下了属于他自己的一页。那是一个阴冷多风的傍晚，罗杰·班纳斯特在牛津大学举行的对抗赛中，在约1000名观众的面前，头略后仰、眼睛微闭、大张着嘴，在细煤渣跑道上跑完了1英里的路程，突破了一个人类体能和心理上的"极限"——只用3分59秒4跑完了1英里。

罗杰·班纳斯特之所以能打破这个信念障碍，创造这项佳绩，除了得益于体能上的苦练外，更主要的还应归功于一种并不是特别复杂的训练方法。

罗杰·班纳斯特曾回忆说："在此之前，教练曾多次让我模拟4分钟跑完1英里。为了突破这个限制，教练首先将1英里分成16等份，即把每一等份都看作百米冲刺，然后根据我的体能，计算出我通过每个等份应该用的时间，最后教练开始在每一个等份处掐秒，并随时告诉我：'慢了，再快点或该冲刺了。'长久下来便使我形成了极为强烈的信念，就好像对神经系统下了一道绝对命令，必须完成这项使命。"

可见，创造奇迹并不完全在于运动选手是否具有这样的能力，还在于一个教练是否具有良好的指导水平和标准的训练程序。

同样，我们要想通过制程管制提高品质，关键在于生产管理者能不能通过SOP标准化作业程序进行正确指导。

SOP是一个体系，从企业管理来看，SOP是企业不可或缺的，对提高产品品质具有重要的作用：

①将企业长期积累下来的技术、经验记录在标准文件中，可保存企业原有的技术和技能，以免因技术人员的流动而使技术遗失。

②提高企业的运行效率和效果。由于不同的员工，拥有不同的成长经历、性格、学识和经验，做事情的方式和步骤也不相同，即使做事的方式和步骤相同，但做每件事的标准和度仍会有一些差异，而SOP本身是在实践操作中不断总结、优化和完善的产物，在这一过程中积累了许多人的共同智慧，具有一定的优势，能提高企业的运行效率和效果。

③在作业时便于对新员工进行指导，使其快速掌握较为先进合理的操作技术，并使管理人员正确确认作业的偏差程度。SOP对工序的每一个步骤如何进行操作都有严格的规定，按照这种标准方法进行操作，可以有效地避免因设备的错误操作而带来的损失。

④便于追查不良品产生的原因。可以根据SOP对生产的作业条件、操作步骤等进行核对，看其是否符合规定的要求，从而找出产品不良的原因。

⑤提高产品质量水平。优质的产品是生产过程中每一个步骤细化操作的结果，而SOP中规定了生产操作中的必做项目，所以可使产品的质量要求达到一

致。当然，如果按照 SOP 进行工作，生产管理者还可以根据 SOP 中规定的工作时间估算产品的生产时间和产量，进一步保证产品的质量和交货时间。

一般而言，标准作业程序的要求与工作手册或者工作规范不仅完全不同，而且存在着本质上的区别。后者只是对工作所应遵守的一些规章制度进行总体的比较抽象化的规定，而标准作业程序需要量化每一个细节，对每一个细节都进行严格的规范。

曾经有一位非常优秀的杂技大师，能够手握平衡木在长达 20 米、离地面 10 米的钢丝上，赤脚做出各种动作，而且从未失败过。

然而，人生如戏。一次，杂技大师外出巡演归来，像往常一样将所有道具放进仓库，不料仓管人员的一个烟头居然把整个杂技团的所有道具都化为灰烬，大师的平衡木杆也未逃离厄运。但团长不惜高价寻来粗细相同、长短一致、重量相等的木杆，并在大师充分适应后让油漆匠刷上与以往相同的黑白色块。

次日，大师一如既往、不慌不乱地走上舞台，踏上熟悉的钢丝，数着黑白块掌握双手间距离，可是，大师忽然发现，虽然色块数量相同，但双手间距离却比以往短了些，顿生疑窦，有人将木杆截短了？此时，即使大师的脚下能够暂时平衡，却失去了心理上的平衡。

的确如此，虽然大师极力做出适当的调整，但是，在腾越时失了手，从空中摔下，折断踝骨。事后检查，是粗心的油漆匠将黑白色块都缩短了 1 毫米。

然而，就是这 1 毫米，让大师对木杆失去了信心，1 毫米信心的距离，使大师受伤，表演失败。

我想每一个优秀的企业都想拥有自己的标准作业程序。它不仅存在于企业的整个生产流程，还存在于生产流程中的每一道程序中，因此必须对生产过程中的每一个步骤每一个细节都进行量化和规范。

那么，如何做 SOP 呢？

基于不同的管理模式和管理方式，做 SOP 的方式通常也会有一定的区别。我们大体上可以按以下几个步骤来进行（见图 6-2）：

①认真加用心。曾经有位名人说过："认真做事只能把事情做对，只有认真加上用心才能把事情做好。"由于编写 SOP 本身并不是一件轻松的事情，往往很容易让人产生枯燥的感觉，但 SOP 这项工作对于企业来说又非常重要，因此必须要用心去做，否则就不会取得好效果，甚至会造成形式主义。

認真加用心

↓

制定流程和程序

↓

確定 SOP 執行步骤

↓

編寫制定 SOP

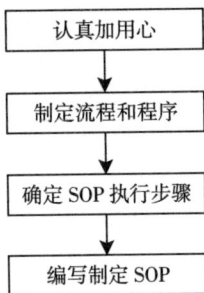

图 6-2　做 SOP 的步骤

②制定流程和程序。按照公司对 SOP 的分类，各相关职能部门应首先将相应的主流程图做出来，然后根据主流程图做出相应的子流程图，并依据每一子流程做出相应的程序。在每一程序中，确定有哪些控制点，哪些控制点需要做 SOP，哪些控制点不需要做 SOP，哪些控制点可以合起来做一个 SOP。

③确定 SOP 执行步骤。对于在程序中确定需要做 SOP 的控制点，应先将相应的执行步骤按照统一的标准列出来，如按轻重缓急或时间的先后顺序来划分等。如果对执行步骤没有把握，要及时和更专业的人员交流和沟通，先把这些障碍扫除掉。

④编写制定 SOP。如果上述问题可以顺利解决，接下来便可以着手编写 SOP 了。一般是按照企业的模板编写 SOP，但不可改动模板上的设置。如果某些 SOP 只用一些文字描述不能表达清楚，还可以增加一些能将步骤中某些细节形象化和量化的图片或其他图例。

由于每个企业都有各自不同的特点，所以作业指导书的格式也不同，但其目的都是为了保证产品生产的一致性，提高产品的质量，因此在满足这个条件的前提下，可根据自己企业的特点、员工能力、产品的复杂程度来编写作业指导书。

笔者箴言　做好 SOP 制程管制是企业得以持续发展的基础，无论是管理者还是员工都要具备良好的质量管理理念，否则很难执行标准作业程序。

思考题：

1. 什么是 SOP?

2. SOP 有何作用?

3. 如何做 SOP?

四、无意识差错的产生及防止

何为无意识差错？

无意识差错是指长时间在生产过程中重复从事一件工作，因注意力不集中导致的无意识的质量问题。

例如，你安排某个员工每天数一堆零部件，并且你交代的方法是一个一个地数的话，即使一天只工作 8 小时，那么不出错的概率恐怕也只有 0.1%。

对此种工作而言，虽然出错是很正常的，但对于企业内部的反应却是不正常的，多多少少都会听见车间里的员工抱怨因某个产品出错或不符合顾客的要求而导致产品返工、退货。然而，任何一个企业的任何一个产品都一定有一个专门的工序进行生产流程管理，为什么还会出现如此多的返工、退货，而且出错的大部分都是对产品有一定了解并在企业工作了很长时间的老员工呢？

其实，即使是老员工在生产操作过程中，如果每天都一个一个地去数一堆零部件，或用同样的方法去做工作，即对同一个动作重复成千上万遍的话，不用说一年，仅一个月的时间所出的错误就可以打破"世界吉尼斯"的纪录。

大量的重复操作，一次"小小"的走神，产生错误简直就是"理所当然"的，但客户不会因为我们只出现过一次或几次质量问题而既往不咎，反而会变本加厉，使我们根本没有回旋的余地。

佛语有云："人非圣贤，孰能无过，知错能改，善莫大焉。"但如何改、如何防止员工在长久的生产操作过程中不出现无意识差错呢？

案例：

扁鹊治病

我国诸多古典文学中都记载着一个有名的"上医医无病，中医医欲病，下医医已病"的故事，而故事本身讲述的正是春秋战国时期的名医——扁鹊论医的典故。

据传说名医扁鹊兄弟三人皆从医。一天，魏文侯问扁鹊："你们家兄弟三人，虽然都精于医术，但你的名气最高，是不是你的医术也最好呢？"

扁鹊非常坦率地回答道："长兄最好，中兄次之，我最差。"

文侯深感不解，忙又追问道："可为什么很多人都不知道你的两位兄长，而你的名气却如此高呢？"

扁鹊笑着回答道："我长兄治病，通常是在患者病情发作之前就能发现病的隐患和根源，以便及时予以根除，所以一般人看不到自己的病情有多严重，不知道他事先就能根除病因，以为大哥的医术不过如此，他的名气也就无法传出去；二兄治病，是在患者病情初期的时候，通常人们以为他只能治一些轻微的小病，所以他的名气也只限于本乡里。而我扁鹊治病，主要是擅长对疾病的中晚期患者进行治疗，即治病于患者严重之时。由于一般人都看到了我诊疗时，做在病人的经脉穿针放血、在皮肤上敷药等明显的大手术，病人多数情况下都能够治愈，而且又因为操刀在手、骨血淋漓，往往给人以起死回生的印象，所以一传十、十传百，我的名气也因此响遍全国。"

其实，员工的无意识差错就是在企业的病情发作之前的隐患和根源，而无意识差错的防止就如同治病：事后控制不如事中控制，事中控制不如事前控制。真正聪明的生产管理者不在于能在事后做出多么完美的改善，而是善于在预见潜在的危机的同时，在最初阶段将漏洞及时补上，把生产过程中出现质量问题的可能性降至最低。

俗话说："亡羊补牢，为时已晚。"但国内许多企业还在上演这样的故事：一旦员工生产出了差错，管理者为避免再出现同样的问题就开始苦口婆心地教导"品质决定成败"，不但一遍遍地强调工作要认真、要有责任心，而且有许多管理人员还把"重罚"当成保证工作质量的法宝。

结果如何？问题一而再、再而三地发生，上下级关系日趋紧张，企业所追求的产品质量在这种情况下也根本无从谈起。

这样的处理方式，是管理人员能力不足的表现，更是由于国内企业多年来只注重思想工作、忽视科学的工作方法而造成的。

质量管理专家朱兰认为："所有员工都不可能一直处于高度的紧张状态，如果在作业中，一旦放松警惕就可能引发失误，那么光凭精神方面并不能防止失误的发生，很多情况下必须采用科学的方法避免失误的产生。"

"愚巧化"管理，就是科学的防错技术方法，是企业生产过程中最值得推广的管理模式。通过防错技术的应用，保证企业员工在任何情况下也不会犯错误，防错技术有很强的工程技术特色，也包含有管理的思想和理念，是一项系统的工程。

所谓"愚巧化"，简言之就是很笨很笨的人也能像能工巧匠一样把每一件事情做得好、做得巧。

例如，某些生产企业在生产过程中需要请人在模具上刻字，我们总是希望提供服务的人能够一次性地、成功地将所有数字或字母完完整整地、准确无误地刻在模具上。但是其结果总是令人失望，靠自然磨炼出来的能工巧匠毕竟是少数。而通过方法的改变，每一个人都能很简单地成为巧匠。

如上所说的模具刻字，以往用手工刻字不仅速度慢，而且精确度非常低。而现在通过方法的改变，使每个人只要拥有一台刻字的机器，不用一日就能刻出精确度高而且速度又比以往高出十多倍的模具。

一般"愚巧化"的管理要点有（见图6-3）：

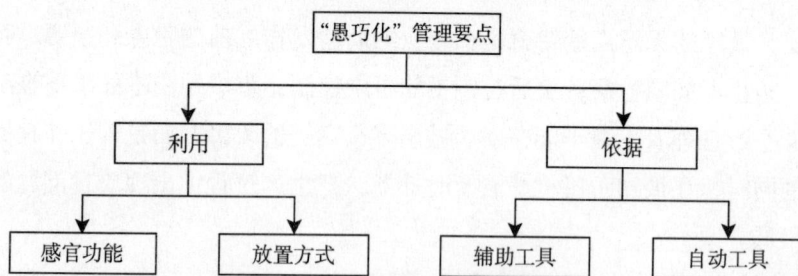

图6-3　一般"愚巧化"的管理要点

①根据作业的重点、必备的机能，并在以省时省力为基础的条件下，由生产技术人员研究开发一种可使作业简单化、标准化的辅助工具，可在降低技术熟练度要求的同时，提高工作效率，而且不会做错。

例如，你安排一个员工每天一个一个地数螺丝，如果一天8小时不出错那恐怕是个奇迹了。而做一个简单的道具，道具中有50个小孔，抓一把螺丝往上面一放，轻轻一摇，50个小孔中各落下一个小螺丝，再将道具一斜，多余的螺丝全部滑下，剩下的就是50个了，用此方法数螺丝，效率是单个数的10余倍，并且难以出错。

②根据作业顺序可能会出现错误的情况，我们应大力开发自动化检测仪器，确保产品品质，不让一个不良品进入下一作业程序。

例如，纺织厂的断经停车、断纬停车装置；冲床作业的操作员，必须两手按住机器两边的按钮，机器才会下冲，以免手被冲床压断，造成职业伤害；汽车刹车油耗损失到规定液面时，仪表板上的刹车指示灯会变亮，而且发出警告声等。

③利用人的感官对产品的形状、大小、颜色、声音等进行检查、判断、辨认，使作业者很容易就可以正确地辨认，以减少一些不必要的差错。

例如，瓦斯是一种无色、无味的有毒气体，人如果在不知道的情况下，吸入太多瓦斯便会有生命危险，所以家用瓦斯会在原瓦斯中加入一种臭气，一旦泄漏就会有一股扑鼻的恶臭，即使由于某种原因使用者不能察觉或不易察觉，家人也容易发现，可以尽快地关掉瓦斯开关，以保障生命、财产安全。

④利用物品的放置方式或作业顺序，对作业过程中相似的或容易混淆的物品进行区分。

例如，火车、汽车、电影院在售票处的栏杆上都标有 140 厘米、120 厘米两个高度的标示，以确认乘客或观众该买全票、半票还是免费，免除一些不必要的争执。

因此，实施科学的管理就是要将重复、单调、复杂的工作通过科学的方法而变得可视化、逻辑化、简单化、机械化，使所有的员工都可以简单明了地去执行，轻轻松松地胜任属于自己的工作。

"愚巧化"作业的实施步骤为（见图 6-4）：

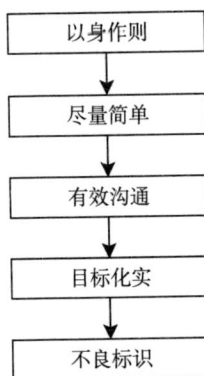

图6-4　"愚巧化"作业的实施步骤

①以身作则。很多生产管理者遇到员工出现无意识的差错时，通常只做一些表面上的工作，而不再深究。然而，正是因为生产管理者在管理上的不重视，使

事故由偶发变成了突发，突发变成了多发。因此，生产管理者只有以身作则，不断提升自己的管理能力，才能管好员工。

②尽量简单。俗话说："简单的东西容易记。"同理可知，只有简单的工作步骤才能使员工更容易工作。所谓简单并不是要将一些工作步骤删掉，而是利用科学的、有效的、可视化的方法，使员工对工作步骤一目了然，如将工作的要点制作成简单的示意图，并直接贴在相应的工作位置或机械设备上。

③有效沟通。沟通是任何一个组织健康成长不可缺少的"维生素"，尤其是对于实施"愚巧化"作业方法来说，越是使用员工熟悉的语言沟通，员工就会记住越多的东西，而他们懂得越快、记得越牢，在工作中就能用得越好。因此，生产管理者在指导工作人员工作时，应尽量使用简单的语言或工作中员工们都熟悉的语言来进行有效沟通。

④目标化实。主要是将一些长时间被认为是抽象的或只能用自己的脑子去想象的目标或规格要求转化成看得见、摸得着的东西。例如，将一些产品的湿度要求、温度要求、设备的运作状态等转化成实物，让员工一眼就能看到，以免出错。

⑤不良标识。我们都知道世界上没有十全十美的事物，对于产品生产过程而言，有时一些部位容易出现配对错误或者作业不良，如果能够防患于未然，对不良部位预先标识出来，那么员工在操作的过程中就会得到提醒，从而引起注意，降低出错的概率。

一位管理大师曾讲过："没有品质，便没有明天。"产品有好的品质，企业才有好的未来。只有通过"愚巧化"，将每一个"很笨很笨"的人都打造成能工巧匠，才能把每一件事情做好、做巧。

笔者箴言　在管理中越是简单的工具得到的应用越是广泛，杜绝无意识差错所用到的工具就要简单实用，这样才能更容易被员工接受。

思考题：

1. 什么是无意识差错？

2. 什么是"愚巧化"管理？

3. "愚巧化"管理有哪些管理要点？

4. 如何实施"愚巧化"管理？

五、制程审核

"小宝马"也好，"中国式宝马"也罢，华晨骏捷既然能在称谓上"傍"上宝马，仅凭外观上的表现恐怕是远远不够的。

然而，近水楼台先得月，华晨凭借与宝马公司多年深度合作的独特优势，在骏捷的各个生产环节都引进了宝马的质量管理体系，甚至使用了共同的检测线和试车跑道，尤其是在制造过程中，华晨和宝马双方的外方工程师每周都要进行制程审核，这也许才是骏捷成为"中国式宝马"的底气所在。

制造过程审核也叫"工序质量审核"，审核中的过程实际上是指生产过程中的"工序"。制造过程审核是指为了获得工序质量的有关信息，研究改善工序控制状态而有计划、有组织、独立地对工序质量控制计划安排是否可行及其施行效果进行调查与评价的活动。

但我们要想进一步理解制造过程审核，还应抓住以下几个重点：

①明确制造过程审核的实质。制造过程审核与对制造过程状况进行验收、评比一类的活动不同，它是由总工程师或总工艺师负责，授权熟悉被审核工序的技术质量要求、具有工艺管理实际工作经验的人员，按本企业制定的工序质量审核办法或制度规定的程序、内容进行审核，其目的完全在于研究改善制造过程质量管理的现状，更好地发挥制造过程质量管理的有效性，提高制造过程质量管理活动的水平。但还要注意审核人员不能对被审核工序负有直接责任，以保持审核活动的客观性和独立性。

②明确制造过程审核的对象与重点内容。制造过程审核的对象不是出了问题才去审核的，而是已经通过质量管理计划做出安排并处于受控制状态的制造过程。

因此，审核的重点内容不单纯是调查制造过程能力和制造过程产品的实物质量，更重要的是调查分析制造过程控制的安排是否周密恰当；制造过程因素是否已经控制在允许的波动范围内；已经受控的制造过程因素对产品质量的保证能力是否充分等。具体内容如表6-2所示。

③明确制造过程审核的作用。由于不是依据产品的出厂验收标准逐项进行检查，而是依据所确定的制造过程审核指导书所规定的审核项目，因此通过调查工

表 6-2　制程审核表

审核对象	审核内容	注意事项
员工	①审核员工是否受过岗位质量管理知识教育培训 ②审核员工是否具有强烈的质量意识、工作责任心和工作积极性等 ③审核员工是否具备相应的操作证或相应的培训资格认可 ④审核员工是否具备满足规定要求的技能	审核时要注意询问、观察、了解员工掌握质量的程度及贯彻执行情况，如果问题在审核后才能暴露出来，那么这些操作者必须在专门的培训或资格考核合格后才能上岗操作
设备	①审核设备是否选择、使用恰当 ②审核设备是否具备综合应用能力 ③审核设备是否达到相关的标准或精度 ④审核设备是否得到及时的维护保养	审核时要注意供需使用适合的设备，并对设备进行适当的维护，以保持工序能力，甚至还要对设备预先进行设备能力认可并通过连续的工序参数监控，证实设备满足规定要求
物料	①审核物料是否建立了防止混乱、混用的控制措施 ②审核物料是否需要辅助性的材料 ③审核辅助材料是否对产品的质量特性存在影响	审核时要注意在进入制造过程之前的原材料、辅料、外购外协件、毛坯、半成品等是否合格，确保未经检验或验证不合格的产品不投入本工序使用或加工
作业方法	①审核作业方法是否正确或具有良好的指导作用 ②审核作业方法是否具备合理、优化的工艺参数 ③审核作业方法是否具有明确的质量要求 ④审核作业方法是否存在不可操作的地方，或与下道工序连接不当 ⑤审核作业方法是否明确了应用工具的操作方法	审核时要注意作业方法应具备切实可行的工艺操作规程，如作业指导书、检验规程、操作守则或其他文件化程序等，而且文件要做到齐全、统一、正确、清楚
生产环境	①审核生产环境是否符合制程管制的要求，如通道、场地、物料以及工具的摆放等 ②审核生产环境是否符合产品制造时的要求，如温度、湿度、清洁度、光照度等 ③审核生产环境是否符合预防要求，如是否具备防磕、碰、划、伤、锈等保护措施	审核时要注意对质量有影响的环境条件，除温度、湿度、清洁度、光照度外，还有噪声、振动、油雾等，要视制程的具体情况进行
检测工具	①审核检测工具是否符合制程质量的要求 ②审核检测工具是否按规定周期实施检定、校准 ③审核检测工具是否正确使用、保管	审核时要特别注意一旦发现检测设备偏离校准状态时，必须及时按规定进行校准和调整，最好选用能够表明其校准状态的标志的或带有经批准的识别记录的检测工具

序质量计划的实施情况和效果，首先可评价其正确性和指导作用；其次可明确是否需要采取纠正和改进措施；再次可了解工序因素的控制水平，研究因素波动程度与工序产品质量特性变化之间的关系；最后可明确如何更经济有效地对工序因素进行控制。

　　④明确体系审核、产品审核与制程审核的区别。体系审核是指由具备一定资格而且与被审核部门的工作无直接关系的专家，为确定质量活动是否遵守了设计安排，以及结果是否达到了预期目标所做的系统的、独立的检查和评定；产品审核是以获得产品的有关质量信息为立场而独立地检查和评价产品质量的适用性的

活动。因此，体系审核、产品审核与制程审核主要存在以下几点不同（见表6-3）：

表6-3　体系审核、产品审核与制程审核的不同之处

	体系审核	产品审核	制程审核
审核对象	质量管理体系各过程	主要根据客户的需求和期望选择审核的产品	主要是已经通过质量管理计划做出安排并处于受控制状态的制造过程
审核目的	只针对与审核项目对应的缺陷进行分析及纠正措施	将审核结果报告相关部门，等待解决措施	不但总结记录，审核报告，而且对审核缺陷及时进行分析，并采取纠正措施
审核时间	按计划，一般一年一次	按计划，一般是经常性的	按计划，一般是根据需要进行
审核方法	主要是通过检验文件资料和实施情况进行审核	主要是通过选择专门用于产品的审核方法	主要是通过选择专门用于过程的审核方法
审核依据	质量手册、程序文件、作业指导书等	图样、技术规范，作业指导书，检验指导书，编码系统等	生产流程、过程的调整数据、检验指导书等
审核员要求	是否符合ISO9001的要求	是否熟悉产品及其生产过程，以及是否了解客户的要求和期望	是否对生产过程的所有工序都了如指掌

通过制程审核，不仅可研究企业制程管制活动中存在的不足和问题，进一步改善制程管制的方法，更重要的是可加强工序质量控制点的管理，增强预防控制的效果，提高质量保证能力。

一般制程审核按以下步骤进行（见图6-5）：

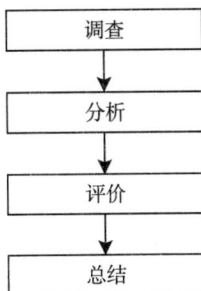

图6-5　一般制程审核步骤

①由审核组对被审核的工序进行调查。主要是根据生产批量的大小、检测的难易程度、是否适用判断等情况随机抽取正在生产的一定数量的产品进行检测。但应注意每次在对该工序同类产品进行抽样时，数量应相对稳定以便于审核。

②由检验人员进行质量分析。主要是根据制造过程的作业方法、作业标准、质量特性值或技术标准值的要求进行检测，并记录在"过程质量审核记录表"中。

③由审核组对制程质量进行评价。制程质量评价主要可以通过差错分析法和直接测定法进行。差错分析法即通过差错统计分析，达到调查工序能力的目的，如不合格品率、缺陷数统计；直接测定法即对工序使用的设备装置的质量特性直接用仪器测定数值，如机械行业检查机床是否达到质量要求的精度，医学、食品工业测定无菌室是否达到指标等。

④由审核组对制程审核进行总结。主要是总结审核结果，并依据检测结果计算过程能力指数，判断过程能力等级，以提出处理意见。

失去了审核，制程将摇摇欲坠；失去了制程，品质将无从谈起；失去了品质，企业将荡然无存。可以说，审核为企业发展奠定了坚实的支点和基础，为其市场形象、品牌塑造等一系列相关的经营活动做了有力的铺垫。

笔者箴言　制程必须通过审核才能真正为企业管理所用，因而管理者和所有员工都要从以质量为本的角度出发，严格遵循制程审核程序。

思考题：

1. 什么是制程审核？

2. 制程审核与产品审核、体系审核的区别是什么？

3. 制程审核的意义何在？

4. 如何对制程进行审核？

第七章 不放过任何问题

——完善质量检验

本章提要：

▶ 什么是质量检验

▶ 如何进行质量检验

▶ 质量检验如何管理

▶ 出厂号码的重要性

▶ 外观瑕疵应避免

▶ 掌握 QC 七大手法

▶ 新 QC 七大手法

社会各方面的发展，例如物质的丰富、产品品种的增加等，都是与产品质量密不可分的，甚至是以产品质量为前提或基础的，而质量管理源于质量检验，作为质量管理重要组成部分的质量检验会随着质量管理的发展而发展。

在质量体系的建立和运行过程中，质量检验工作始终发挥着重要的质量保障作用，如果没有质量检验就谈不上品质。

一、质量检验概述

我们知道，产品不但位于 4P（产品、价格、渠道、促销）之首，并且是 4P 的核心。如果你一味地去打造品牌，却不在产品质量上做文章，最终将无法履行对消费者的承诺，也就无法得到消费者对品牌的忠诚。

美国质量管理专家朱兰认为："所谓检验，就是借助诸如测量、检查、试验和度量等手段和方法，根据产品图样或检验操作规程测量原材料、半成品、成品等实体的一个或各个特性，并将测定结果与质量标准进行比较，从而做出合格、优劣与否的判定，最后对能否适合下道工序的使用或能否提供给用户做出决定的业务活动。"

案例

割草男孩的电话

一个替人割草打工的男孩打电话给一位陈太太："请问这是陈太太家吗？你需不需要割草工？"

陈太太回答："非常抱歉！我现在不需要了，我已请了割草工，谢谢！"

男孩又说："你先不要挂断电话，我工作非常认真，我会帮你拔掉花丛中的杂草。"

陈太太回答："可是，我的割草工已经做了。"

男孩又说："我不仅会拔掉花丛中的杂草，我还会帮你把草与走道的四周清理干净。"

陈太太说："我请的那个割草工人也已做了，谢谢你，我真的不需要新的割草工人了。"

男孩便挂了电话，这时男孩的室友目瞪口呆地望着他，不解地问道："你不就是在陈太太那儿割草打工吗？为什么还要打这无聊的电话？"

男孩说："我只是想知道我做得有多好，从另一个角度检验一下我的工作到底合不合格。"

看过这个案例不知你有何感想？

你在工作中是否也会这样有意识地去检验你的产品，了解自己的工作情况？你是否也会像这个男孩那样重视自己的产品？你是否也会像这个男孩那样关心产品的质量？

对产品质量进行检验的目的主要有：

①判定产品或零部件的质量合格与否，即通过对产品或零部件的抽样检查或全数检验，判定产品或零部件的质量是否合格。

②证实产品或零部件的符合性，即通过检验或试验证实产品和零部件是否达到了规定的质量要求。

③产品质量评定，即通过质量检验和试验确定产品缺陷的严重性程度，为质量评定和质量改进提供依据。

④考核过程质量，即通过对过程加工质量的检验，确定过程质量是否处于稳定状态。

⑤获取质量信息，了解操作者贯彻执行工艺规程的情况，即通过质量检验收集大量质量数据，对检验数据进行统计、分析、计算，既可以提供产品质量统计考核指标完成情况，又可以为质量改进和广泛的质量管理活动提供有用的数据。

进行质量检验的目的，不仅是为了把好产品质量关，即通过检验，根据技术标准和规范要求，对原、辅材料，在制品、半成品、产成品和设备、工装等进行多层次的检验，保证不符合质量标准而又未经适应性判定的不合格品不流入下道工序或市场，严格把关，保证质量，维护信誉。而且还可以通过首件检验、巡回检验、进货检验、中间检验、完工检验以及工序能力的测定和控制图的使用等，测定工序满足公差的能力，监测工序状态的异常变化，以发现问题，采取措施，减少不符合质量标准的产品，并及时调整，防止再犯，达到预防的职能。

同时，质量检验还具备报告职能，即通过对质量检验获取的原始数据的记录、分析，掌握、评价产品的实际质量水平，以报告的形式反馈给管理决策部门和有关管理部门，以便做出正确的判断并采取有效的措施。

检验的几种职能是不可分割的统一体，为培养质量意识、改进设计、加强管理以及提高质量打下了坚实的基础。但是，长期以来，在检验工作中往往忽视它的预防与报告职能，显然这是片面的，只有自觉地发挥检验的多种职能，才能够更有效地保证质量。

实际上，通过检验，保证不合格的原材料、外购件、半成品等不投产、不转序，对产品质量来说，无疑是已经获得了一定的胜利，而在检验中获得的大量数据、资料，经过综合分析，及时反馈，又为进一步提高质量、完善管理提供了依据。

随着科学技术的进步，管理的科学化与现代化，当今质量检验的职能与过去传统的质量检验相比，有了很大的发展，已由传统的、单纯把关的被动检验，发展为"既严格把关又积极预防"的多种多样的主动检验。

表 7-1 介绍了几种企业常用的质量检验方法。

表 7-1　企业常用的质量检验方法

序号	依据	种类	内　容
1	依据生产过程的不同阶段划分	进货检验	是为了防止不合格品进厂入库，防止由于使用不合格品而影响产品质量，影响企业信誉或打乱正常的生产秩序，而对原材料、外协件和外购件进行的进厂检验
		过程检验	是为保证各工序不合格的半成品不流入下道工序，防止成批半成品不合格，确保正常的生产秩序，而在生产现场进行的对工序半成品的检验
		成品检验	是为防止不合格的零件入库和不合格的产品出厂，而对已完工的成品在入库前或出厂前的检验
2	依据检验的不同场所划分	固定检验	利用固定的检测设备，在固定的地点，把被检验的零件或产品集中到一起，对主要部位及其特性，进行严格把关、认真检验
		现场检验	是指在生产现场或被检验零件或产品的存放地进行的检验，因此又称就地检验
		巡回检验	按规定的检验路线和检查方法，到生产现场或机床进行的检验，又称巡回流动检验或流动检验
3	依据检验的不同数量划分	首件检验	对操作条件变化后完成的第一批或第一件产品进行的检验
		抽样检验	按预先确定的抽样方案，对应待检产品抽取小部分样本进行检验和判定，将样本检查的结果与判定规则进行比较，判定合格或不合格的检验
		全部检验	是指按标准规定对所提交的所有待检产品进行逐件地检验
4	依据检验的不同性质划分	损坏性检验	是指样品被检验后，其性能受到不同程度的影响，甚至完全丧失了原有的使用价值，即只有将受检验样品破坏后才能进行的检验
		完美性检验	是指不降低该产品原有的性能，或虽然有损耗但对产品质量不发生实质性影响的检验
5	依据不同的检验方法划分	感官检验	是指依靠检验人员的感觉器官进行产品质量评价或判定的检验，包括视觉检验、听觉检验、味觉检验、嗅觉检验、触觉检验
		理化检验	是指依靠仪器、测试设备或化学方法对产品进行的检验，包括物理检验、化学检验、微生物检验
		试验性使用鉴别	是指对产品的实际使用效果进行的检验
6	依据检验的不同人员划分	专职检验	是指由专职检验人员对产品进行的检验
		自主检验	是指由生产工人在生产过程中对自己生产的产品根据质量要求主动进行的检验
		相互检验	是指生产工人对生产的产品进行相互监督、把关的检验
7	依据不同的供需关系划分	供方检验	是指产品的生产厂家对自己生产的产品进行的检验
		需方检验	是指买方或客户对购进的产品、原材料、外购件、外协件及配套产品等进行的检验
		第三方检验	是指独立于供需双方，由专门授权的检验机构或各级政府主管部门进行的检验，包括监督检验、验证检验及仲裁检验等
8	依据不同的质量特性划分	计数检验	是指用计数方法表示产品质量特性的检验
		计量检验	是指对产品的计量质量特性进行的检验

如果你生产的是食用产品，别欺骗消费者的口；如果你生产的是服装产品，别欺骗消费者的眼和手；如果你生产的是服务产品，把你的质量做好。消费者是最好的裁判，他们检验你的方法很简单，就是使用一次，你是什么档次，消费者的头脑就有了概念。因此，在消费者检验你之前，你必须先做好自己的工作——质量检验。

笔者箴言 ▷ 质量检验是企业质量管理中必不可少的管理环节，也是保证质量的基本方法。

思考题：

1. 什么是质量检验？

2. 质量检验的目的是什么？

3. 质量检验的方法有哪些？

二、质量检验流程

人人皆知，产品质量是企业的生命，特别是在市场经济不断发展的今天，质量检验尤为重要，如果分析由质量问题引发的一些事故，人们发现事故的原因往往是缺乏最简单的检验。

如前几年，某热电厂进口一台 10 万瓦的电阻，由于对焊口质量未经检验就投入运行，结果热蒸汽管爆裂，温度高达 600℃的蒸汽骤然喷出，当场将一名员工烫死。

质量检验不仅可保证产品质量、提高产品质量，而且还是创"名牌"争"优质"、不断促进企业发展的重要环节，它在产品形成过程中，自始至终占有极其重要的地位。通过严格检验，产品的使用安全性可获得高质量的保证。

案例

质量无捷径，检验须先飞

力帆实业（集团）有限公司是中国最大的民营企业之一，成立于 1992 年。

历经 15 年的艰苦奋斗，已发展成为以科研开发、发动机、摩托车和汽车生产、销售（包括出口）为主业，并集足球产业、金融证券于一体的大型民营企业。

2006 年，力帆集团实现销售收入 103.95 亿元人民币，产销摩托车 133 万辆，发动机产销量达 254 万台，出口创汇 3.1 亿美元，专利拥有量 3807 项，各项指标均居全国同行领先地位。

为了给客户提供优质产品，力帆集团摩托车事业部二厂在配件质量的控制上采取了一系列的检验办法——采取对绝大部分镀锌、镀铬件、烤漆件全检的方式，来确保客户对产品质量的高要求。

据了解，为满足客户需求，二厂质检人员全面出动，还从车间、后勤部门抽调人员协助检验，厂领导也参与其中亲自督促，力求使配件质量更上新台阶。

近年来，工厂装配的一批出口车，客户要求带保险杠，经两次整改后，装配角度还有微小的偏差。为保证质量，厂领导依然决定采用检验的办法——将已下线摩托车逐一试装、校正，试装合格后再拆下来，确保外观、装配等项目合格后才办理入库，进行包装。

为此，工厂抽调 10 余人在一天内试装了 109 辆出口车，虽然这比常规检验增加了几十倍的工作量，是一个比较落后的检测方式，但 100%保证了产品的质量。

控制好质量没有什么捷径，为确保产品质量达到客户的需求，检验就是最好的办法。

由此可见，检验的主要工作首先是对规定的一项或多项特性进行熟悉，并将一项或几项特性要求转换成明确而具体的质量要求，并确定检验方法和所用的计量器具或测试设备。

其次，按照对规定要求的具体内容，用确定采用的计量器具、测试设备或理化分析仪器，对产品进行定量（或定性）的测量、检查、试验或度量，并把检验结果与规定要求（或标准）进行比较，熟悉并掌握什么样的产品是合格品，什么样的产品是不合格品，观察每一个质量特性是否符合规定要求。

再次，根据比较的结果，判定被检验的产品合格还是不合格。如果是单件合格产品，应及时转入下道工序，对于不合格品，按照规定要求进行回收或报废处理；如果是批量产品，根据产品质量情况和检验判定结果，分别做出接收、拒收、筛选或复检等结论。

最后，把所测量的有关数据，必须详细、认真地全部进行记录，为以后质量改进打下良好的基础。

为了确保产品质量，顺利完成检验任务，你必须积极主动地进行以上的各项工作。虽然这些工作构成了检验要素，但是检验是一个过程，需要一定的条件和流程步骤。

进行检验时，必须具备如下条件：

①必须制定出相应的操作规程，规定检验程序、操作要点等。

②需备有相应的计测器具。例如，计量尺寸用的千分尺，测定硬度用的硬度计，分析化学成分用的光谱仪等。

③为了对测定结果进行判定，一定要给定相应的质量标准，这些标准应尽可能定量化。

质量检验的步骤如图 7-1 所示：

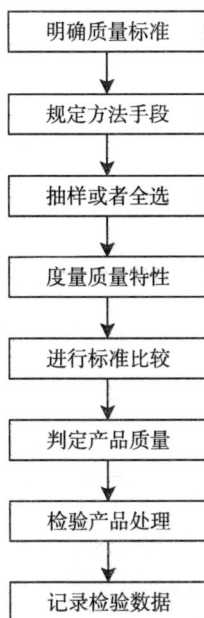

图 7-1　质量检验的步骤

①明确技术要求，掌握质量标准，根据产品技术标准明确检验项目和各个项目的质量要求，尽可能避免模棱两可的情况。

②制定检验方法，应借助一般量具或使用机械、电子仪器设备等适当的方法和手段测定产品。

③对检验的产品可随机抽取对总体具有充分的代表性的样品，也可对所有产品进行全部检验。

④采用不同的检验方法（第一节已经介绍）对产品质量特性进行度量。

⑤把测试得到的数据同标准和规定的质量要求进行比较。

⑥根据比较结果，判定产品检验项目（单个产品或批量产品）是否符合质量标准，并进行所谓的合格性判定。

⑦如果存在不合格产品，应及时进行适用性判定，并对不合格品做出处理。

⑧将检验所得的数据进行如实的记录，并把判定结果反馈给有关部门，以便促使其改进质量。

总之，质量检验工作是生产过程中不可缺少的重要环节，对保证产品质量具有极为重要的作用，必须做到"置之死地而后生"。

为此，很多成功的企业都会要求生产人员实行自检。

自检主要是指生产人员通过对自己生产的半成品或成品的自主检验，及时判断其质量是否符合标准要求以及自己的操作行为是否符合规定。

对于持续发展的企业而言，自检是绝不应省略，也不应抱着应付领导检查的心态而马虎执行的工作环节，是在每一个产品或零部件的每一个生产步骤都必须执行的重要程序。

如何做好自检工作，通常可以遵循以下步骤来执行：

第一，检查文件和原辅料。一般我们可以从两个方面入手：一是生产人员确认质量标准及检验规范文件是否已经全部备齐，并根据文件明确自检内容及方法；二是检查原辅料及包装材料的质量水平、名称、供货批次、数量、使用期限是否合格。如果检查中出现了质量问题，生产人员应及时记录并向现场管理者报告。这样才能便于实施处理措施，消除产品质量隐患。此外，生产人员需要根据批次和种类的不同实施隔离存放并做好区分标识。

第二，检查制作工艺。首先，生产者在生产过程中应随时关注自己的操作是否符合标准操作规程以及制品是否符合工艺质量标准。其次，当发现质量异常时生产人员应立即采取返工措施进行补救，经过返工仍不合格的产品应与合格品分区摆放并做好标识。若出现严重或特殊质量异常，在报告现场管理者前，生产人员应停工并关掉设备。

第三，检查自检记录。生产人员每天都要如实填写自检记录。通常，一份完整的自检记录包括交货批次、产品名称、检验数量、检验时间、检验合格率、调整措施、异常描述以及不合格品处理等内容。

第四，上交记录报告。每天下班前，生产人员都应将自检记录上交现场管理者。

笔者箴言　质量检验并非心血来潮，而是需要企业全体人员为之共同献力献策的重要项目。

思考题：

1. 检验工作包括哪些内容？

2. 检验需要符合哪些条件？

3. 检验的步骤包括哪些？

三、质量检验的主要管理制度

俗话说，"没有规矩，不成方圆"，"国有国法，家有家规"。质量检验也不例外，同样存在管理制度。

20世纪80年代以来，日本素有"质量神话"之说，许多人都会以自己拥有一台"索尼"、"日立"或"东芝"牌的彩电或其他家用电器而感到自豪，其原因除日货质量好外，还与日本十分提倡的生产工人的"自主检验"制度是分不开的，即工人自己负责检查产品，这样可大大减少检验人员。在日本，检验人员最多也不超过工厂总人数的7%~8%。

通过检验的严格把关，并坚决执行"不合用的原料不投产，不合格的零件不转序，不适用的成品不出厂"等制度，把不合格品造成的损失控制在最小的范围内。

案例

罗尔斯·罗伊斯完善质量检验

据《防务日报》网站 12 月 22 日报道，罗尔斯·罗伊斯公司已完成欧洲战斗机的首台生产型 EJ200 发动机的总装和试验。

而罗尔斯·罗伊斯公司之所以能够取得如此成就，与该公司在质量检验工作上实行的主要管理制度存在着密切的联系。

在公司一级，该公司设立了质量执行委员会，并依次设立了质量总工程师、总检验师和各级质量经理，分别负责质量管理和质量检验等工作。

此外，为了切实保证产品质量，该公司还在车间一级专门设立一套与生产系统并行的质量系统，即在专职的质量经理的统一领导下，车间设有三套平行的机构：

第一套平行机构由主要负责编制检验程序卡的检验计划工程师确定检验原则、内容、等级、方法、次序及其使用的设备、工具与表格等。

第二套平行机构主要由检验室按检验程序的图纸、质量手册进行检验工作，并做出合格、返修、报废的判定。

第三套平行机构主要由质量工程师处理、分析、统计与汇报现场质量问题，对产品提出处理意见，并不断提出改进质量的意见和措施，需报质量经理批准执行。

不难看出，在生产现场建立一个独立、完善的质量检验管理制度，不但能有效地进行检验工作，而且还有足够的力量从事质量分析、研究和发展的长远建设工作。

在质量管理中，加强质量检验的组织和管理工作是十分必要的。近年来，虽然在我国许多生产企业中，也逐渐建立了检验机制，但对强化质量管理帮助不大。

那么，如何建立一个集中统一的、有处理质量问题权力的独立系统，才能保证从设计开始到成品出厂为止的所有质量检验和控制环节都有专人全面负责、全权处理呢？

我国在长期管理实践中已经形成了一套行之有效的质量检验的管理原则和制度，见表 7–2。

表 7-2　我国在长期的管理实践中形成的管理原则和制度

序号	名称	内　　容
1	三检制	三检制主要包括专检、自检和互检，一般由专业检验人员进行的检验称作专检，是现代化大生产劳动分工的客观要求，与自检和互检存在一定的区别，是自检和互检不能取代的 而自检和互检是生产者对自己所生产的产品，按照图纸、工艺和合同中规定的技术标准自行进行的检验，以及生产工人相互之间进行的检验
2	质量检验激励制	在质量检验中，由于主客观因素的影响，产生检验误差是很难避免的，甚至是经常发生的。据国外资料介绍，检验人员对缺陷的漏检率有时可高达 15%~20%。因此，采用质量检验激励制可减少误差的出现，加大检验力度
3	三不管理制	在质量检验的过程中，对不合格品的管理要坚持"三不放过"原则，即检验不清的问题不放过、造成问题的人员不放过、未落实的工作不放过
4	质量统计制	质量统计就是指企业的车间和质量检验部门，根据上级要求和企业质量状况，对生产中各种质量指标，如品种抽查合格率、成品抽查合格率、品种一等品率、成品一等品率、主要零件主要项目合格率、成品装配的一次合格率、机械加工废品率、返修率等进行统计汇总
5	质量分析制	质量分析制就是指企业的车间和质量检验部门，针对相关指标进行计算和分析，并按期向厂部和上级有关部门上报，以反映生产中产品质量的变动规律和发展趋势，为质量管理和决策提供可靠的依据
6	跟踪管理制	主要是指在生产过程中，为完善质量检验工作，每完成一个工序或一项工作，都要记录其检验结果及存在问题，记录操作者及检验者的姓名、时间、地点及情况分析，在产品的适当部位做出相应的质量状态标志
7	质量重检制	质量重检制是指有些生产高品质产品的企业，为了保证交付产品的质量或参加试验的产品稳妥可靠、不带隐患，在产品检验入库后出厂前，要请产品设计、生产、试验及技术部门的人员进行重检
8	产品标识制	主要指在产品生产过程中，从原材料进厂到成品入库出厂，每完成一道工序或改变产品的一种状态，包括检验和交接、存放和运输等，相关人员都应该在工艺文件上做出相应的标识，以示负责
9	重点工序严检制	主要指员工在进行重点工序（加工关键零部件或加工关键部位）生产时，不但必须有检验人员在场，而且必要时应有技术负责人或用户的验收代表在场，监视工序必须按规定的程序和要求进行

总之，只要我们能够贯彻执行严格把关和积极预防相结合的检验制度，就不仅可充分发挥检验人员的严卡、慎防、力帮、范讲的作用，而且可以使检验在职能上从消极把关发展到积极预防，甚至在范围上从制造过程扩展到质量的产生、形成和实现的全过程，打破单纯检验的局限性，逐步向积极的质量保证体系过渡。

> **笔者箴言**　健全的管理制度可以有效地推动质量检验的落实。只有质量检验执行到位，产品质量才有保障。

思考题：

1. 质量检验的制度是什么？

2. 如何制定质量检验制度？

四、出厂号码有讲究

在质量检验活动中，如果我们用于产品质量检验的工具或生产设备在精度上存在一定的偏差，检验出来的结果不仅在准确度上得不到保证，还会降低我们的工作效率，甚至给企业带来巨大的经济损失。同时，往往越复杂的检验工具所要求的精度越高，而且还必须及时校正。

然而，在任何产品上都存在着一组根本不用检验工具就可以得到的数据，它就是产品的出厂号码，可以为你省去因检验工具的精度不高而带来的种种麻烦。这个简单的出厂号码，里面蕴含了大量关于生产制造的机密，通过它不仅可以查出一个产品的来源和去处，而且可以提高现场的生产人员、管理人员、检验人员等的工作效率，甚至为质量改进打下基础。

案例

马屁股和航天飞机的关系

如果你在电视上看到过美国航天飞机立在发射台上的"雄姿"，不知你有没有注意到，在它的燃料箱的两旁有两个火箭推进器，这些推进器是由一家名为 THIOKOL 的公司设在犹他州的工厂提供的。如果可能的话，这家工厂的工程师希望把这些推进器造得再胖一些，这样容量就会大一些，但是他们都无法这样做，为什么？

因为这些推进器造好后要用火车从工厂运到发射点，路上要通过一些隧道，而这些隧道的宽度是由火车轨道的宽度决定的，只比火车轨道的宽度宽了一点点。

美国铁路两条铁轨之间的标准距离是 4.85 英尺，如果换用我们使用的测量单位计算的话，应该是 1.44 米。这是一个很奇怪的标准，究竟从何而来？是科学的结果还是由其他什么因素决定的？

原来这是英国的铁路标准，因为美国的铁路最早是由英国人设计建造的，所以美国也沿用了这一标准。

那么，英国设计师为什么选用 4.85 英尺作为两条铁轨之间的标准距离呢？

原来英国的铁路是由建电车轨道的人设计的，而这个 4.85 英尺正是电车轨道所用的标准。那么，电车轨道标准又是从哪里来的呢？

原来最先造电车的人以前是造马车的。而他们是用马车的轮宽做标准的。

那么，马车为什么要用这个轮距作为标准呢？

因为那时候的马车如果用任何其他轮距的话，它的轮子很快就会在英国的老路上被撞坏掉。为什么？

因为这些路上的辙迹的宽度为 4.85 英尺。

那么，这些辙迹又是从何而来的呢？

答案是古罗马人定的，因为欧洲包括英国的长途老路都是由罗马人为他们的军队所铺的，4.85 英尺正是罗马战车的宽度。如果任何人用不同的轮宽在这些路上行车的话，他的车轮子的寿命都不会长。

故事到此应该完结了，但事实上还没有完。罗马人为什么用 4.85 英尺作为战车的轮距宽度呢？

原因很简单，这是两匹拉战车的马的屁股的宽度。4.85 英尺的限度并非是科学需要的结果，而是由马屁股宽度决定的结果。

故事是颇有趣的，从航天飞机推进器，到一匹马的马屁股，这是多么风马牛不相及的事情啊。但是，由此不难看出，生活中一些数据的得来也绝非无凭无据、空穴来风。

作为 21 世纪高科技的、现代化的生产企业，基本上也是在千百年的基础工业上发展起来，并一步步积累壮大的，而作为一名主抓质量的班组长，要想抓好产品的质量，对于一些生产数据必须严格精准，尤其是出厂号码。

一个小小的出厂号码虽然只是一张面积超不过 4 平方厘米的纸片，但千万不能忽视它的作用。我们可以从中获得意想不到的信息，防止假冒产品的出现；也可以帮助我们解燃眉之急，雪中送炭，及时准确地找出不良的原因，缩短处理时间；可以为我们提供大量的线索，了解产品整体的质量情况。

简而言之，产品号码不能错，通过出厂号码的准确检验，可以让我们在发现质量问题并在处理的过程中变被动为主动，从而避免为企业信誉带来恶劣的影响。

笔者箴言　　产品的出厂号码涵盖了许多产品信息，因而才会被管理者重视。作为一线班组长，也要有意识地关注这些与质量相关的细节。

思考题：

1. 出厂号码与质量有关系吗？

2. 通过出厂号码我们可以知道什么？

五、产品瑕疵要清楚

在我们产品的生产过程中，也经常会出现一些可能并不会影响产品使用性能的质量问题——产品瑕疵，但有时却会对产品的整体质量产生不可忽视的影响，在质量管理、检验、控制过程中必须引起注意。

那么，到底什么是产品瑕疵呢？

产品瑕疵是指产品质量不符合《中华人民共和国产品质量法》第二十六条（二）"具备产品应当具备的使用性能，但是，对产品存在使用性能的瑕疵做出说明的除外"，（三）"符合在产品或者其包装上注明采用的产品标准，符合以产品说明、实物样品等方式表明的质量状况"规定的要求，不存在危及人身、财产安全的不合理的危险，或者未丧失原有的使用价值，通常包括产品的划痕、色差、毛边、污垢、浇口等。

然而，产品瑕疵和产品缺陷是产品管理、检验、控制过程中比较容易混淆的一对概念，但产品瑕疵不同于产品缺陷。

虽然我国相关的法律并没有对它们做出严格的界定，但产品瑕疵是指非危险的毛病，是产品不符合合同约定的标准，在质量、性能、用途和有效期限等方面存在不合格的状况，而产品缺陷是指产品存在不合格的质量问题，是危及人身、财产安全的不合理的危险。

那么，有瑕疵的产品是否可以销售呢？

刘女士在某商场购买了一双女式凉鞋，价格80元。事隔一个月之后，该凉鞋出现了质量问题，在刘女士的请求下，该商场负责人为刘女士调换了一双相同款式、相同价格的凉鞋。

然而，在刘女士将调换的凉鞋带回家大约 10 天后，再次在该商场购物时，看见另一双价格为 110 元的女式凉鞋，觉得更漂亮，更富有个性，于是提出用上次调换的凉鞋并加付 30 元来调换此双凉鞋，并获得同意。

刘女士再次调换新凉鞋后半个月，发现一只鞋的鞋帮高，另一只鞋的鞋帮低，于是向该商场提出退赔的请求，但该商场此次并未如刘女士的心愿。最终，刘女士不得已向有关部门投诉，请求调解，希望该商场退还货款。

经相关部门的检查，发现虽然两只凉鞋的高度一致，但鞋内侧的鞋帮处的确高度不同，经测量，两只凉鞋内侧脚踝处的鞋帮高度相差 9 毫米。

根据《中华人民共和国产品质量法》第二十六条第二项的规定，存在瑕疵的产品是可以销售的，但是必须以特殊形式注明，如处理品、次品等，并明确告诉消费者哪方面存在瑕疵。

如果违背相关法律法规的规定，将有瑕疵的产品冒充合格产品销售，则属于欺骗消费者行为，甚至要承担相应的法律责任。

由于产品瑕疵存在一系列的特殊性，如变化性、潜在性、非量化、差异性等，因此对于产品瑕疵的判定是十分困难的。

那么，我们如何才能顺利、准确地进行产品瑕疵的检验、判定并防止瑕疵的出现呢？我们先来看下面这个案例。

案例

秀才赶考

清朝时期，有一位秀才，虽然进京赶考了两次，但都未能衣锦还乡。然而，无志者常立志，有志者立长志。秀才下定决心"一条路走到黑"，于是再次踏上了进京赶考之路。

秀才和往常一样住进了他前两次都住过的旅店，但奇怪的是，秀才在临近考试的三个晚上分别做了三个不同的梦：

第一个梦——秀才醒来时浑身是汗，并且筋疲力尽，原来是梦到自己在不停地干活，其实不过是在墙上种庄稼。

第二个梦——秀才醒来时浑身发抖，梦到天下着倾盆大雨，只有他一个人在雨里走，不但手里打着伞，而且头上还戴着斗笠。

第三个梦——秀才醒来时哭笑不得，他梦到自己终于和心爱的姑娘入了洞房，但两个人却背靠着背，你看不到我，我看不到你。

我们都知道古时候的人是非常迷信的，虽然秀才开始时不以为然，但在考试的前一天，秀才感觉这三个梦似乎有些深意，赶紧去找算命先生解梦。

算命先生一听，脸色顿变，语气沉重地说："你还是回家吧。你想想，高墙上能种庄稼吗？这不是费力不讨好吗？戴斗笠打雨伞不是多此一举吗？跟心爱的人入了洞房，却背靠背，这不是瞎忙一场吗？没戏啊！"

秀才一听，心灰意冷，想到与其在这里浪费生命，还不如早点回家卖红薯，于是回店收拾包袱准备离开。店老板觉得非常奇怪，问："明天就要考试了，你为什么今天就回乡了，是不是家里出事了？"

秀才把自己所做的梦，以及解梦的经过如实地告诉了店老板，店老板听后差点乐翻过去，急忙告诉秀才："我也会解梦的，不如让我再替你解上一解。你想想，墙上种庄稼岂不是证明你这次肯定会'高中'吗？戴斗笠打伞不是说明你这次有备无患吗？跟你心爱的人入了洞房还背靠背躺在床上，不正是说明你翻身的机会来了吗？我觉得，你这次一定要留下来。"

秀才一听，不无道理，于是鼓足精神，高高兴兴地去参加考试，居然中了个探花。

通过这个小小的故事我们可以发现，对于同一种事物，不同的人会有不同的看法，积极的人像太阳，无论走到哪里都会带来光明。

基于产品瑕疵的特殊性，我们可以通过每一个客户对产品瑕疵的可接受程度，制定一种虚拟的判定标准，由检验人员依据这个标准对产品的瑕疵进行判定或调整，所以这个标准必须略高于客户需求，因为每一个客户对产品瑕疵的可接受程度是不同的。

我们在前面已经提到过，秋后算账不如事前控制，为了防止产品出现瑕疵，我们应该做到：

①要求所有接触产品的员工必须佩戴一定的防护用具，可避免员工在生产过程中、管理人员在检验过程中对产品造成瑕疵。

②要求在所有可能与产品接触的相关部位采取防护措施，可避免设备、机器等将产品刮伤造成瑕疵。

③要求对产品本身必须采取保护措施，如粘贴保护黏膜等。

对产品存在的瑕疵要清楚，因为在商品流通环节，即使生产厂家不知道产品有瑕疵，但仍然必须承担瑕疵担保义务，如果因为产品瑕疵而给购买产品的用户、消费者造成了损失，生产厂家必须给予赔偿，而这其中所耗费的成本是企业自己需要支付的。

笔者箴言　　诚实对待消费者是企业的责任，否则企业将失去的不仅是一个客户，而是一个客户群体。

思考题：

1. 什么是产品瑕疵？

2. 产品瑕疵影响质量吗？

3. 我们应如何防止产品瑕疵的出现？

六、质量检验的 QC 七大手法

班组长在产品管理方面的重要任务是要经常性地对自己所管理的工作进行检验，从而在第一时间掌握产品的生产状况，并及时解决各个问题。

通常，在产品生产过程中经常会出现一些形式不一、难以理解的数据，如产品数量、不良品的发生次数、原材料的配比等，而品质管理恰恰是根据这些数据进行的质量控制、检验及改善活动。

但我们也时常可以看到这样一个问题，即使使用同样的机器设备，同样的原材料，同样的制造工艺生产出来的产品，其质量往往也会出现一定的差异，为了让相关人员进一步做好品质管理工作，我们需要用多种检验方式来了解、分析、控制这些数据。

日本著名的质量管理专家石川馨曾说：企业内 95% 的质量管理问题，可通过企业上上下下全体人员活用 QC 七大手法解决。

俗话说：文不如表，表不如图。质量的有效管理，离不开企业各级、各部门人员对这些工具的掌握与灵活运用。

QC 七大手法是由日本人总结出来的。从 20 世纪 60 年代开始，日本的企业运用品管七大手法，收集工作现场的数据并进行分析，不但大大地改善了产品的品质，而且使日本的产品成为了"品质"的代名词。

QC 七大手法的运用，不仅提升了日本产品的水平，是日本产品走向世界的原动力，而且已经被广泛地运用到了企业的品质管理之中，成为了品质管理工作最基本的也是不可缺少的工具之一，在品质问题的处理和数据的初步整理方面起着重要的作用，如全面预防、用事实与数据说话、全因素与全过程的控制、层层分解、重点管理以及依据 PDCA 循环突破现状及时改善等。

然而，日本人在老七大手法获得成功之后，1979 年又提出了新七大手法。之所以称为"七大手法"，是因为古代日本武士在出阵作战时，经常携带七种武器，所谓七大手法就是沿用了七种武器。

其实，无论是老 QC 七大手法，还是新 QC 七大手法都只有一个目的，就是帮助我们对语言资料进行分解，从各种混乱的互相缠绕的因素中，抓住问题的关键，寻找新构思，制定切实可行的措施和方法。在这里我们主要对老 QC 七大手法进行详细的介绍。

老 QC 七大手法主要包括：

1. 层别法

层别法又叫分层法、分类法、分组法，是按照类别来进行数据收集，如分为工作人员、工艺方法、设备、地点、部门等几组，然后按照一定的目的和要求加以分类和整理，以便进行比较分析的一种方法。

层别法是整理数据的重要方法，主要用于区别各种不同的原因对结果的影响，如将影响因素分为工作方法、原材料或设备等，然后分别收集数据，找出各层之间的差异，最后针对差异加以改善。此外，这种方法还可以个别原因为主，帮助寻找出数据的某项特性或共同点，对现场中的问题即时判断，分别统计分析，以寻找出最佳条件改善品质。

我们需要注意的是在分层时，不能随意分，而是要根据分层的目的，利用专业知识进行分层，使同一层次内的数据波动（或意见差异）幅度尽可能小，而层与层之间的差别尽可能大，符合周延和互斥的原则。

通常，分层的目的不同，分层的标志也不一样，往往用人、法、环、时间等作为分层的标志（见表 7-3）。

表7-3 用分层法分层

分层对象	具体内容
以人员分层	组别、年龄、教育程度、性别、熟练度、职称
以设备分层	设备名、型号、厂商、位置、新旧
以时间分层	时、日、周、月、季
以材料分层	供货商、零件批次、生产地点、生产日期、材料等级、成分
以环境分层	工作场地、湿度、温度、光照度、作业方法、检验方法
以测量分层	测量工具、测量方法、测量人员、取样方法
以其他分层	地区、使用条件、缺陷部位、错误项目、发生位置

层别法的应用，主要是一种系统概念，即在于要想把相当复杂的资料进行处理，就得懂得运用层别法的操作要点，把这些资料有系统有目的地加以分门别类的归纳及统计。

分层法的应用步骤（见图7-2）：

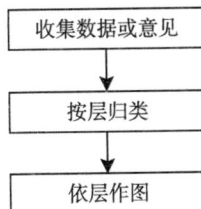

收集数据或意见

↓

按层归类

↓

依层作图

图7-2 分层法的步骤

①收集数据或意见，主要是将数据的性质分类记录下来，如作业日记、传票等要每天记录。

②按层归类，首先用5W2H来标记产品，然后对不同的产品进行区分，如不良品或待修品要分层别放置。

③依层作图，主要是利用收集和记录资料整理数据并绘制相应图表。

2. 控制图

控制图又叫管理图或管制图，是一种通过实际产品质量特性过去经验所判明的制程能力的管制界限比较，并以时间顺序控制界限的质量管理图表。

我们知道，在产品的生产过程中，影响产品质量的因素很多，有静态因素也有动态因素。如产品的加工尺寸有所波动几乎是不可避免的，而控制图能够即时监控产品的生产过程、及时发现质量隐患，以便改善生产过程，减少废品和次品的产出，即通过观察控制图上产品质量特性值的分布状况，分析和判断生产过程是否发生了异常，一旦发现异常就要及时采取必要的措施加以消除，使生产过程恢复稳定状态。

控制图是对生产过程质量的一种记录图形，它利用现场收集到的质量特征值，绘制成控制图，通过观察图形来判断产品的生产过程的质量状况，使生产过程达到统计控制的状态，为管理者提供更多有用的信息，是质量管理的重要方法之一。

控制图的基本式样是：图上有中心线和上下控制限，并有反映按时间顺序抽取的各样本统计量的数值点，而且中心线是所控制的统计量的平均值，上下控制界限与中心线相距数倍标准差（多数的制造业应用3倍标准差控制界限）。

若中心线为 CL、上控制界限为 UCL、下控制界限为 LCL，则控制图的基本形式如图 7–3 所示。

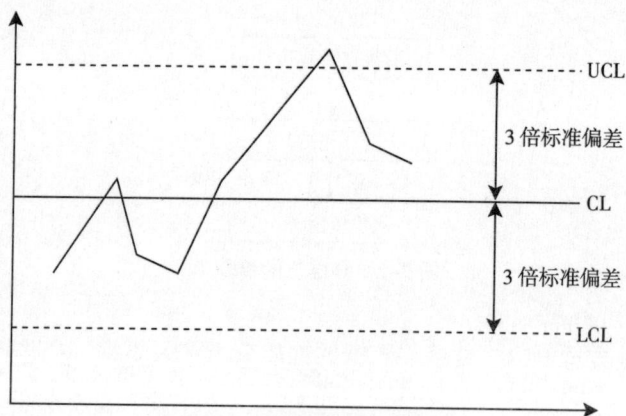

图 7–3　控制图的基本形式

制作控制图一般要经过以下几个步骤（见图 7–4）：

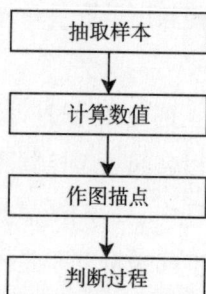

图 7–4　制作控制图的步骤

①按规定的抽样间隔和样本大小抽取样本。

②测量样本的质量特性值，计算其统计量数值。

③在控制图上描点。

④判断生产过程是否有并行。

虽然控制图能够为管理者提供许多有用的生产过程信息，但在控制图的绘制过程中要求较高，必须根据工序的质量情况，合理地选择管理点，根据管理点上的质量问题，合理选择控制图的种类。

通常，控制图有计量值和计数值两大类，每类又可细分为具体的控制图。如果根据它们不同的优缺点可分别适用于不同的生产过程（见表7-4）：

表7-4 控制图的分类

名称	优 点	缺 点	类 别	适用场合
计量值控制图	可及时发现问题，易于调查原因，使质量能够保持稳定	数据需要专业人员测量、计算，而且抽样频度高，既费时又费力	平均值与全距控制图	适用于产品批量生产，且正常、稳定的工序
			平均值与标准差控制图	适用于加工时间比检验时间长的场合
			中位值与全距控制图	适用于产品批量生产，且正常、稳定的工序
			个别值与移动全距控制图	适用于无须抽取多个样品进行检验的工序
计数值控制图	数据可用简单方法获得，且对整体质量水平的调查了解比较方便	不易寻找问题的真实原因，且缺乏及时性，从而浪费大量时间	不良率控制图	适用于样本数量可以不等的场合
			不良数控制图	适用于样本数量相等的场合
			缺点数控制图	适用于样本数量相等的场合
			单位缺点数控制图	适用于样本数量不相等的场合

一般，用控制图识别生产过程的状态，主要是根据样本数据形成的样本点位置以及变化趋势进行分析和判断。失控状态主要表现为以下三种情况：

①样本点超出控制界限（误判率为0.27%）。

②样本点虽在控制界限内，但排列特殊。

③控制图上的点虽未超出控制界限，但样本点如果出现连续7个以上的点全部偏离中心线上方或下方、点在中心线的单侧连续出现7点以上、连续14点交互着一升一降等排列现象时，就判断有异常现象发生。

3. 柏拉图

柏拉图法又称排列图法或主次因素分析图法，是根据收集的数据，以不良原因、不良状况、不良发生的位置分类，以计算各项目所占的比例按大小顺序排列，再加上累计值的图形。

柏拉图由意大利学者柏拉特博士在 1897 年分析意大利社会财富分布状况时首先提出。他在研究中发现，绝大多数财富掌握在极少数人手里，即发现了"关键的少数和次要的多数"的关系。

其后，美国质量管理专家朱兰博士把这一原理应用到质量管理中来。他发现影响产品质量特性的因素虽然很多，但这些因素中有的起关键作用，有的只起次要作用，并创造出了重要的少数、琐细的多数的规律，从而把柏拉图法用在寻找影响质量的关键因素上，有利于企业抓住关键因素，用有限的资源解决更大的问题，取得更好的经济效益。

通常，柏拉图由两个纵坐标、一个横坐标、若干直方形和一条折线构成，其基本形状如图 7-5 所示。

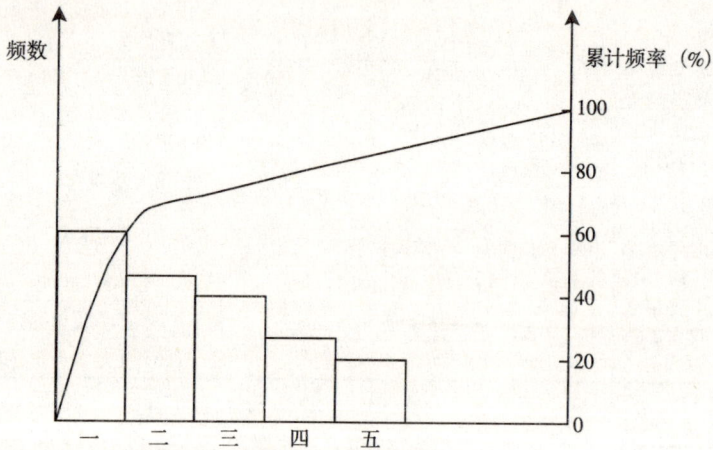

图 7-5　柏拉图

具体画法要点如下（见图 7-6）：

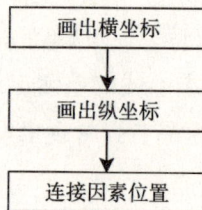

图 7-6　柏拉图的画法

①图中横坐标表示影响产品质量的因素或项目，一般以直方的高度显示各因素出现的频数，并从左到右按频数，由大到小顺序排列。

②纵坐标一般设置为两个，左侧的纵坐标可以用事件出现的频数（如各因素直接造成的不合格品件数）表示，或用不合格品等损失金额来表示，右侧的纵坐标是用事件发生的频数占全部件数的百分比（频率）表示。

③将各因素所占百分比依次累加起来，即可求得各因素的累计百分比（累计频率），然后将所得的各因素的顺次累计百分比逐一标注在图中相应的位置上，并将其以折线连接，即得柏拉图曲线。

其实，绘制柏拉图曲线最主要是为了找出影响某项产品质量的主要因素。为使应用更为直观、简单，习惯上通常按累计百分比把质量影响因素分为三类：0~80%为主要因素；80%~90%为次要因素；90%~100%为一般因素。由于主要因素占存在问题的80%，所以此类问题解决了，质量的大部分问题也就解决了。

然而，柏拉图法并不仅仅适用于确定某个特定产品的质量问题。虽然使用柏拉图法十分简单，依据"关键的少数和次要的多数"原理，先将影响产品质量的诸多因素罗列出来，再按照某种质量特性值或出现的频数从大到小进行排列并绘制出柏拉图，但更重要的是要在合理分层的基础上，分别找出各层的主要矛盾及其相互关系。

一般根据质量特征值的大小和因素多少确定出关键因素，并且最终找出的主要因素最好是一二项，最多不要超过三项，否则将失去"找出主要因素"的意义。

同时，也要注意适当合并一般因素。当采取措施解决或基本解决了这些主要因素后，原先次要的因素将上升为主要因素。为简化作图，常将这些因素合并为"其他"项，放在横坐标的末端。

4. 散布图

散布图是为研究两个变量间的相关性而搜集成对数据，并用一系列点标在直角坐标系上，制作成图形来表示一组成对的数据之间是否有相关性的一种图表。

散布图法在企业的质量管理中经常用到，可通过将影响质量特性因素的各对数据用直角坐标系表示成图形。有了散布图，我们能够了解当一个变量发生变化，另一个变量相应出现的变化情况，自觉地利用它来控制影响产品质量的相关因素，以观察判断两个质量特性变量之间的关系，对产品或工序进行有效控制。

如果根据散布图所分析的两种数据间的关系进行分类，可以分为：特性与特性的关系、特性与原因的关系、原因与原因的关系以及同一特性中数据之间无相关关系。其相应的图形如图 7-7 所示。

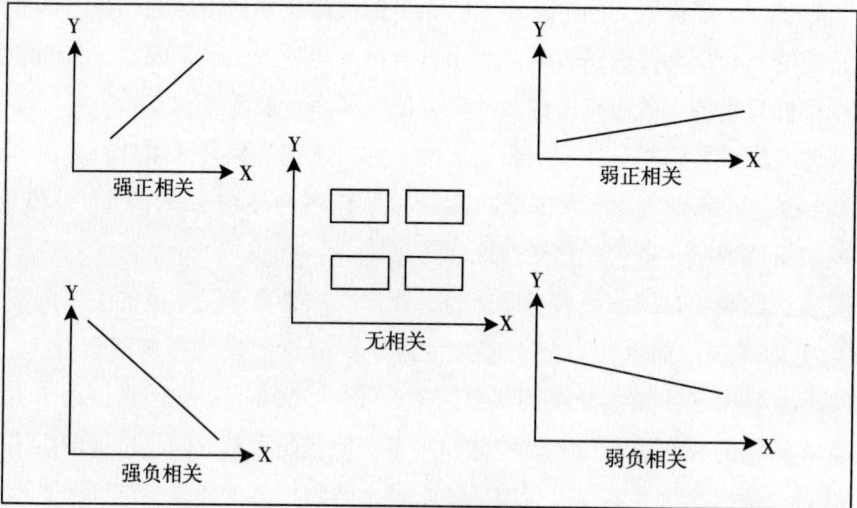

图 7-7 散布图

散布图的绘制方法很简单（见图 7-8）：

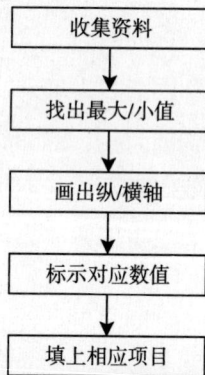

图 7-8 散布图的画法

①收集资料，要搜集调查因素的有关数据，数据最好取 30 组以上。

②X 与 Y 应一一对应，为保证必要的判断精度，找出数据中的最大值与最小值。

③根据所测得的观测值 X 与 Y，准备坐标纸，画出纵轴、横轴的刻度，计算组距。

④以坐标点形式将各组对应数标示在坐标上。

⑤填上资料的收集地点、时间、测定方法、制作者等项目，即可得到所要的散布图。

制作和观察散布图时应注意以下事项：

首先，要注意对数据进行正确分层，否则可能做出错误的判断；其次，观察是否有异常点或离群点出现；再次，在使用散布图调查两个因素之间的关系时，应尽可能固定对这两个因素有影响的其他因素，才能使通过散布图得到的结果比较准确；最后，在作图时，如果收集到的数据较多，可以用相关标示或者在点的右上方注明重复次数。

5. 直方图

直方图又叫柱状图，是将所收集的测定值或数据（如长度、重量、时间、硬度等）的全距分为几个相等的区间作为横轴，并将各区间内的测定值所出现次数累积而成的面积用柱子排起来的图形。

作直方图的目的就是通过对收集到的貌似无序的数据进行处理，通过观察图的形状，反映产品质量的分布情况，判断生产过程是否稳定，判断和预测产品质量及不合格率，判断一批已加工完毕的产品，验证工序的稳定性，为计算工序能力搜集有关数据。

直方图就是一目了然地把这些问题图表化处理的工具，是一种几何形图表。其基本图形可以表示为如图 7-9 所示：

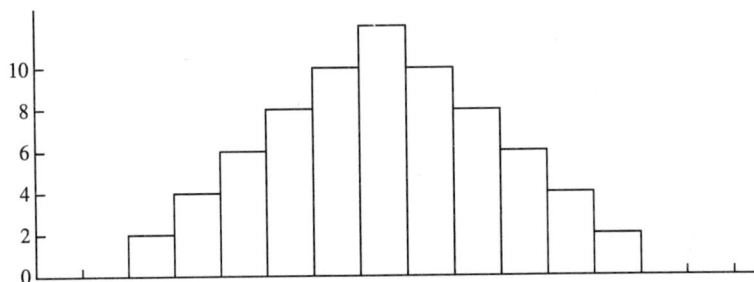

图 7-9　直方图

直方图绘制方法如下（见图 7-10）：

①收集记录数据，求出其最大值和最小值。数据的数量应在 100 个以上，在数量不多的情况下，至少也应在 50 个以上。

②定组数，将数据分成若干组，并做好记号，分组的数量在 6~20 之间较为适宜。

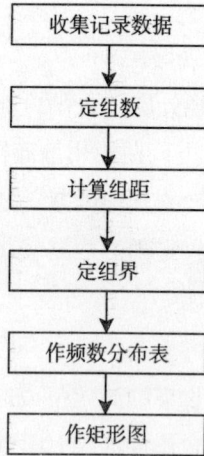

图 7-10　直方图的画法

③计算组距的宽度，找到最大值 L 及最小值 S，用组数去除最大值和最小值之差，计算全距。

④计算各组的界限位，定组界。

⑤统计各组数据出现频数，决定中心点，作频数分布表。

⑥以组距为底长，以频数为高，填上次数、规格、平均值、数据源、日期等，作各组的矩形图。

使用直方图来观察和分析生产过程的质量状况，主要是为了判断生产过程是否有异常，而对直方图有些参差不齐则不必太在意，主要有以下几种原因：

①理想的正常图形。

②多是因加工习惯造成的。

③多是加工条件的变动造成的。

④多是两种不同生产条件的数据混在一起造成的。

⑤多是由于生产过程中某种缓慢的倾向起作用所致。

⑥多是因为测量和读数有问题或是数据分组不当所引起的。

6. 检查表

检查表是以简单的数据，用容易理解的方式，制成图形或表格，必要时标上检查记号，并加以统计整理，作为进一步分析或核对检查之用。主要目的是记录某种事件发生的频率。

一般制作检查表的步骤是（见图 7-11）：

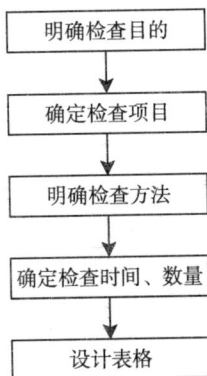

图 7-11　检查表的制作步骤

①明确检查目的。

②确定检查项目。

③明确检查方法。

④确定检查时间及数量。

⑤设计表格实施检查。

检查表可以分为：记录检查表、不合格项目的检查表、操作检查表、点检检查表、缺陷位置检查表以及工序分布检查表等。

此外，使用检查表时应尽量取得分层的信息及简便地取得数据，并能够立即与措施结合，如果检查项目是很久以前制定或不符合实际情况的，必须重新研究和修订。

7. 因果图

因果图又叫鱼刺图、鱼骨图、树枝图、特性要因图。最先由日本品管大师石川馨提出，它是一个问题的结果受到一些原因的影响时，我们将这些原因利用科学方法加以整理，从而制作成有相互关系而且有条理的一种图形。

因果图可用来分析的问题类型主要包括：表示产品质量的特性（如尺寸、强度、寿命、不合格率、废品件数、纯度、透光度等）、成本特性（如价格、收率、工时数、管理费用等）、数量特性（如产量、交货时间、计划时间等）。

一般地，制作因果图的步骤是（见图 7-12）：

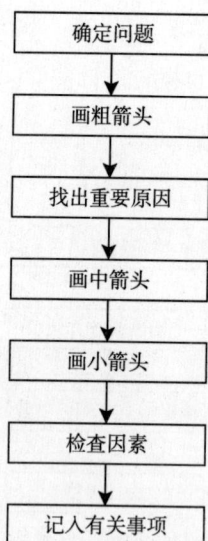

图 7-12　制作因果图的步骤

①确定问题。

②画粗箭头。

③主要以 4M1E 法找出重要原因，并将主要因素或原因分类。

④将主要因素或原因分好类以后，用中箭头与主箭头呈 45°角画在主箭头两侧。

⑤对中箭头所代表的一类因素，要进一步将与其有关的因素以小箭头画到中箭头上去，如有必要，可再次细分至可以直接采取行动为止。

⑥检查各箭头末端的因素中有无遗漏，如有遗漏应予以补充。

⑦记入有关事项，如参加人员、制图者、制定日期等。

因果图的基本图形可以表示为（见图 7-13）：

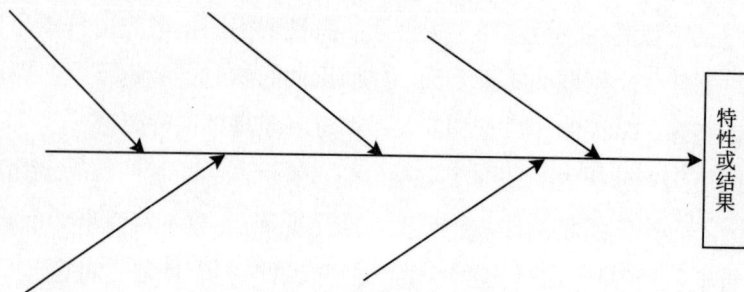

图 7-13　因果图的基本形状

总之，对于 QC 七大手法值得注意的是，如果发现了超越管理界限的异常现象，却不去努力追究原因，采取对策，那么尽管 QC 七大手法的效用很好，也只不过是空纸一张。

七、质量检验的新 QC 七大手法

管理方法要随着市场发展而不断改进，甚至直接更替。质量检验的方法也不例外。在激烈的竞争中，新的方法必然产生。本节我们将介绍几种新的质量检验 QC 手法。

1. 关联图法

关联图，又称关系图，类似特性要因图。它是由圆圈和方框以及箭头组成的，其中圆圈和方框中都是文字说明部分。通常，关联图上代表因素的文字用圆圈表示，代表措施或手段的文字则用方框表示。它是把若干个存在的问题及其因素间的因果关系用带箭头的线条连接起来的一种图示工具，可以用来分析事物之间"原因与结果"、"目的与手段"等关系，如图 7-14 所示。

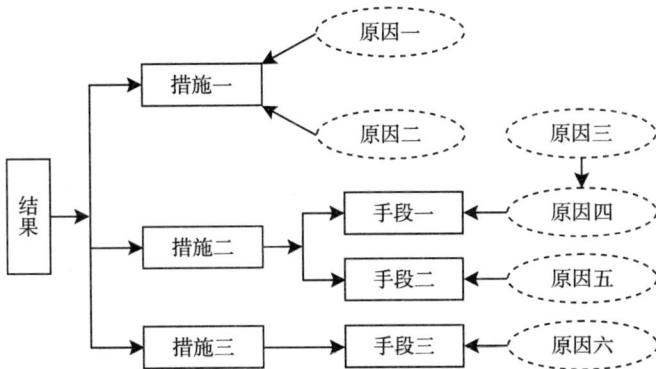

图 7-14 关联图的基本形式

关联图之所以被很多企业认可，还在于其以下优点：一是它将众多的因素以一种较简单的图形来表示，利于梳理因素之间的逻辑关系，关系架构明确，便于统观全局，抓住主要矛盾；二是绘制过程简单、快捷。一般来讲，关联图比较适应分析或整理多因素交织在一起的复杂问题，如细化方针、不良改善、确定交货期等。

关联图的绘制如图 7-15 所示。

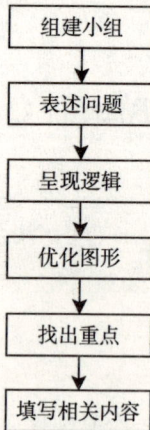

图 7-15　关联图的绘制步骤

①组建小组。提出认为与问题有关的所有因素，收集需要分析的问题的相关信息。

②表述问题。把存在的问题和因素归纳成简明扼要的词汇。

③呈现逻辑。写出问题，用圆圈圈起；将主要原因写在问题圈周围，用粗框圈起；将次要原因写在主要原因四周，用细框圈起；用箭头相连，表示因果关系。

④优化图形。适当整理图形，尽量减少和消除不必要的交叉箭头，使逻辑更清晰。

⑤找出重点。将重点项目及要解决的问题用双线圆圈或双线方框表示。

⑥填写相关内容。例如，关联图名称、制图者、制图日期等。

2. 系统图法

系统图又叫家谱图、组织图、树枝系统图。它是以树枝状表示某个质量问题及其组成要素之间的关系，如以"目的—方法"或"结果—原因"的形式层层展开的图表。

图 7-16（1）和图 7-16（2）是系统图的两种基本形态。系统图的优点是因果关系明确，层次分明，且便于补充。一般较适应解决原因不明或者待定方案之类的问题，如明确职责、改善工程、建立联系等。

系统图的绘制如图 7-17 所示。

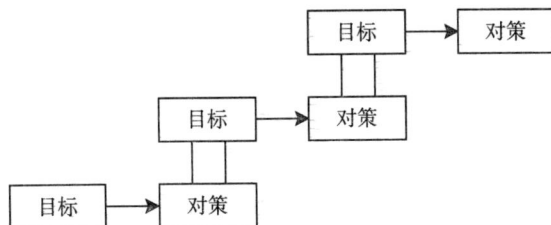

图 7-16（1）　对策展开型系统图

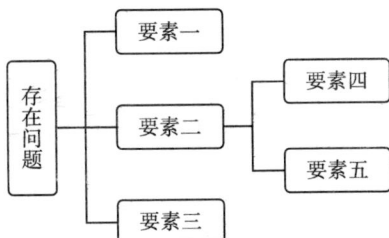

图 7-16（2）　构成要素型系统图

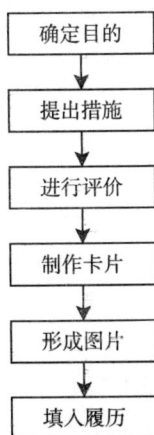

图 7-17　系统图的绘制步骤

①确定目的。用简明扼要的文字描述短期目的以及最终目的。

②提出措施。运用演绎方法从最终目的开始逐层向下一层次展开。

③进行评价。评价问题解决措施的执行，评价中可用一些符号来表示评价的结果，如 X 代表不可行、Y 表示可行等。

④制作卡片。用规格统一的卡片来表示目的和措施。

⑤形成图片。按照系统图的逻辑形式，先排列卡片，随后在卡片中间加上连线。

⑥填入履历。填入系统图制作完成的年、月、日、地点、小组成员及其他必要的事项。

为了更好地使用系统图法，我们还应注意以下要点：

第一，不必要的手段或措施要及时删去，不够好的则加以优化。手段或措施不够时，一定要立即追加。

第二，为了慎重起见，可从下层次措施来确定上层次措施是否妥当。

第三，提供的措施需要具备三个条件：一是不使成本提高；二是不使作业不安全；三是不使生产力减低。

第四，使用系统图时，通常至多展开至第三或第四阶段即可。

3. 亲和图法

亲和图法又叫 KJ 法，是日本学者川喜田二郎（Kawakita Jiro）研究开发并加以推广的一种质量管理方法。该方法主要适用于目标的判定、原因调查、现状分析、新产品的开发、新市场的探索、保证产品质量、保证交期和品质管理活动的开发等，是指在充分收集未知问题的各种相关的经验、事实、知识、想法和意见等资料的基础上，利用其内在关系做成归类合并的图表，便于明确问题、解决问题的一种方法，如图 7-18 所示。

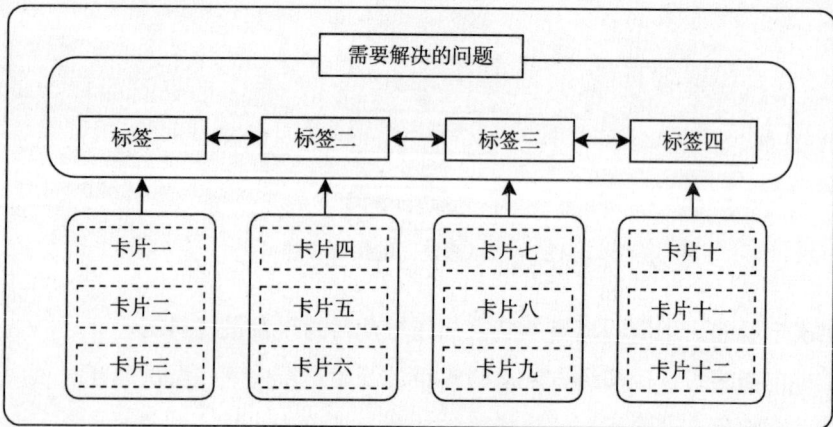

图 7-18　亲和图的基本样式

亲和图法的实施过程主要有以下五个步骤（见图 7-19）：

①确定主题。主题可以是头绪繁多但又非解决不可的问题，应给大家充足的准备时间。

```
┌──────────┐
│  确定主题  │
└────┬─────┘
     ↓
┌──────────┐
│  组成小组  │
└────┬─────┘
     ↓
┌──────────┐
│  形成卡片  │
└────┬─────┘
     ↓
┌──────────┐
│  展开研讨  │
└────┬─────┘
     ↓
┌──────────┐
│  汇总卡片  │
└──────────┘
```

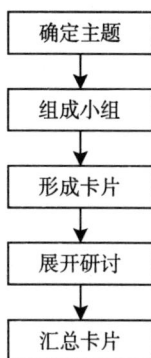

图 7-19　亲和图法实施的步骤

　　②组成小组。选择敢于思考的相关人员，组成亲和小组，小组人数视具体问题而定。

　　③形成卡片。针对主题，通过面谈、观察、思考等方式收集资料，并用卡片记录。

　　④展开研讨。讨论中，每个人轮流解释自己的想法，要互相鼓励不同的想法，可采取头脑风暴法。

　　⑤汇总卡片。将卡片汇总后分类，用标签卡片标明种类，用适当的符号画出卡片间的联系，做出亲和图，针对主题收集资料，让每个人提出自己的想法，并用卡片将想法记录。

　　在实施亲和图法时，其最后形成的组别最好不超过 10 组。

　　4. 矩阵数据分析法

　　矩阵数据分析法可以看作用数据表示的矩阵图法。它是一种定量分析问题的方法，利用此法可将多个变量化为少数综合变量，便于从原始数据中获得有益的情报。

　　在 QC 新工具中，矩阵数据分析法是唯一利用数据分析问题的方法，虽然其结果仍要以图形表示，往往需要借助计算机软件来绘制。使用者根据这些数据对行元素与列元素进行研究并判断它们之间的逻辑关系。实施步骤如图 7-20 所示。

　　5. 矩阵图法

　　解决目的或结果都有两个或两个以上的复杂问题，通常比较适合使用矩阵图法，如现状调查、原因分析、体制健全、需求预测等。具体来说，矩阵图法就是从待解决的问题出发，罗列出关于该问题的所有因素群，找出成对的要素，并按

针对问题，探讨所需的特征和差异
↓
搜集资料，汇总数据，注意数据的准确性
↓
根据需要，对数据进行分类、统计并列表
↓
计算相关数值，如均值、标准差、关系数等
↓
根据关系矩阵，计算所需数值，如特征值等
↓
对计算的结果进行分析

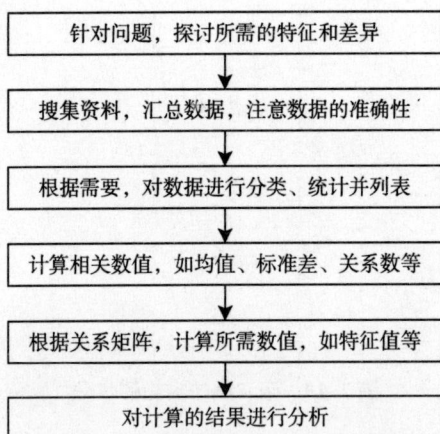

图 7-20　矩阵数据分析法的实施步骤

数学上矩阵的形式，把问题及跟它有对应关系的各个因素按行和列排成图，并在交点处标出两者之间的关系，从中确定关键点的方法。

一般来讲，矩阵图有以下几种分类。

①L 形矩阵图。把两个因素用矩阵的行和列，排列为二元表。

②T 形矩阵图。把一个因素跟其他两个因素分别组合，形成两个 L 形矩阵图，再把两个 L 形矩阵图组合在一起。

③Y 形矩阵图。把三个因素两两分别组合，形成三个 L 形矩阵图，再将三个 L 形矩阵图形成组合矩阵图。

④X 形矩阵图。由 A 因素与 B 因素、B 因素与 C 因素、C 因素与 D 因素、D 因素与 A 因素四个 L 形矩阵图组合而形成，这种矩阵图表示这四对因素间的相互关系。

⑤C 形矩阵图。这是以 A、B、C 三因素为边做出的六面体式的矩阵图，其特征是以 A、B、C 三因素所确定的三维空间上的点为"着眼点"。

实施步骤如图 7-21 所示。

为了确保矩阵图法正常实施，准确分析问题，良好解决问题，在实行矩阵图法时还应该注意以下要点：一是在运用矩阵图时要注意分析现象、问题和原因三者之间的关联性；二是在寻求交叉点时，如果无法取得数据，可依经验转换成文字内容，再决定取舍；三是对关系相近的要素要进行适当组合，综合发展成为解决问题的策略。

确定需要解决的问题，进行多变量分析，收集相关数据

↓

把成对因素排列成行和列，表示其对应关系

↓

选择合适的矩阵图类型

↓

在成对因素交点处表示其关系程度，并用不同符号表示

↓

根据表示密切关联的符号确定必须控制的重点因素，制作对策表

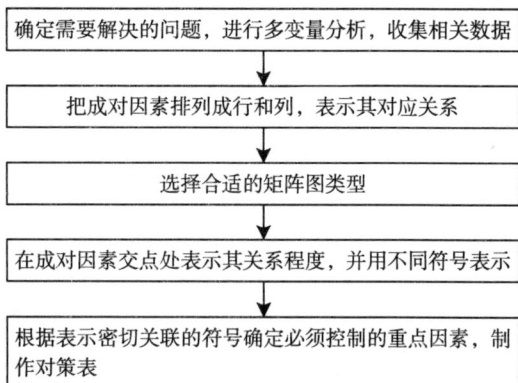

图 7-21　矩阵图法的实施步骤

6. PDPC 法

PDPC 法也叫过程决策程序图法，由于该方法也可以用于防止重大事故的发生，所以也被叫做重大事故预测图法。具体来讲，PDPC 法是指在制定行动计划阶段或进行方案设计时，事先预计可能出现的障碍，预测结果并相应地提出多种应变计划的一种方法。样式如图 7-22 所示，实施阶段如图 7-23 所示。

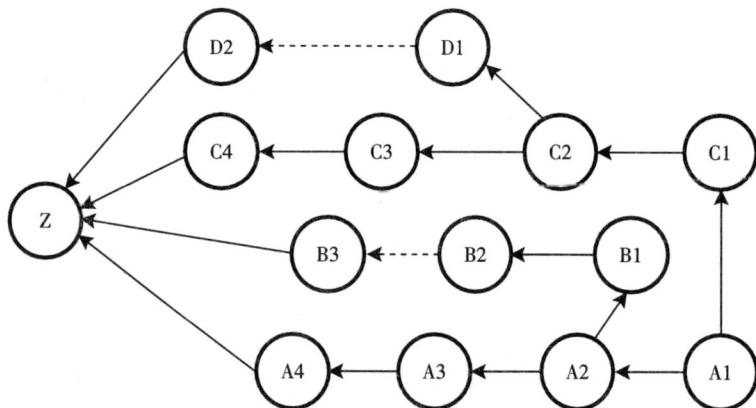

图 7-22　PDPC 法的基本样式

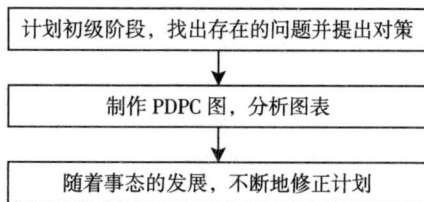

计划初级阶段，找出存在的问题并提出对策

↓

制作 PDPC 图，分析图表

↓

随着事态的发展，不断地修正计划

图 7-23　PDPC 法实施的三个阶段

PDPC 法作为重大质量事故预测图的主要方法，在质量管理的各个部门运用非常广泛。因而管理者在运用 PDPC 法时需要了解一下情况：一是 PDPC 法利于负责人对整个局势的掌握，但不适宜用来网罗每个具体问题；二是使用 PDPC 法时，可以随时配合使用 QC 的其他工具；三是解决问题时要掌握每个阶段存在的问题和制定解决的措施。

7. 箭线图法

箭线图法又称矢线图法或双代号网络图法，是一种用箭线的布局来表示事物"结束—开始"关系，进而确定工作主线、安排工作进度的图表。箭线图上最基本的要素是节点和箭线。节点表示计划的始点、终点和作业的事件点，常用圆圈来体现。箭线表示活动，通过箭线连接节点反映活动顺序。在质量管理中，箭线图常用于计划安排具有时间进度的作业。基本样式如图 7-24 所示，制作步骤如图 7-25 所示。

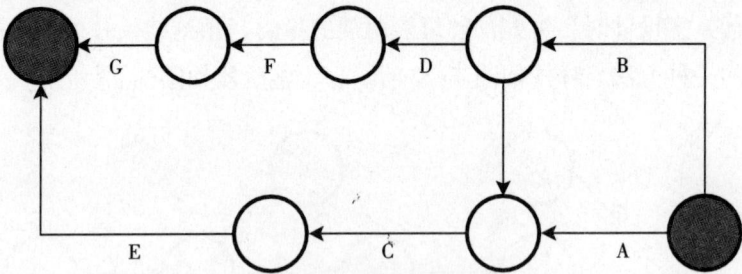

图 7-24　箭线图的基本形式

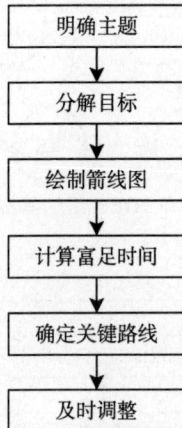

图 7-25　箭线图的制作步骤

①明确主题。确定应达成的目标和约束条件，如资源、环境等条件。

②分解目标。根据进度要求和现有资源将项目逐层分解，计算每个子项目所需的工期并确定各项作业的开工次序，编制作业表，明确必要的作业和日程。

③绘制箭线图。用节点表示各项目的始点和终点，并按先后顺序用正整数编号；用箭线代表各项目的工作过程，顺次连接各节点并在箭线上注明完成该项目所需的天数。

④计算富足时间。每个结合点上的开工富足时间就是初终点与该节点之间各路线的总工期的最大差值，富足时间越少的节点就越关键。

⑤确定关键路线。按开工顺序连接这些关键节点就能得到该项工作的关键路线。关键路线代表着最合理的时间安排和最完善的资源配置策略。

⑥及时调整。按照关键路线进行工作，若计划有变应在图上及时做出调整。

为了更好地适应箭线图，管理者还需注意以下几点：一是箭线图必须包括完成该计划所需的全部项目，子项目间不得有互相包容关系；二是现行的作业完成后，后续的作业才可以开始，流程不得回转或循环；三是当两个节点间存在可同时进行的子项目时，次要项目应用虚箭线表示，但一张箭线图中的虚箭线不可太多。

笔者箴言　借助相应的工具来管理复杂的现场产品的生产质量，是管理者做好质量管理的第一步，也是最重要的一步。

思考题：

1. 什么是 QC 七大手法?

2. 为什么要运用 QC 七大手法?

3. QC 七大手法包括哪些内容?

篇后小结

第四章	体会原材料的使用原则	质量管理在于细节管理，管理者不能放过任何细枝末节，只有将所有问题解决在萌芽中，才能将最好的产品呈现给消费者
	遵循先来先用原则	良好的原材料并非一直放在仓库里存储，而是在使用期内将其使用，所以不管生产部门还是仓储部门都要严格遵循先来先用这一原则
	原材料混乱使不得	混乱放置原材料的必然后果就是使用的混乱；只有严格划分材料的存储位置，并坚持先来先用原则，才能有效确保产品质量
	原材料混用不可取	同一品质的原材料也会根据不同的要求而出现不同的等级，更何况同类产品，其间的差异必然更大，所以，为了保证产品质量，必须禁止混用同类原材料这样的情况

续表

第五章	什么是产品试制	产品试制在激烈的市场竞争中占据着相当重要的位置，能否在相同的时间内早于对手研制出高品质的产品，是赢得市场最好的底牌
	产品试制流程	产品试制需要一个完备的流程，否则很难在有限的时间内做出符合标准的试制品
	密切跟踪试制的不同阶段	不同阶段的试制优劣直接关系到试制品的质量高低，所以任何阶段的参与人员都要负起相应的质量监管责任
	产品试制注意事项	产品试制的好坏直接关乎企业发展的快慢，甚至是影响企业存亡的大事，所以试制中任何一环都必须认真对待
	体会样品的重要性	样品是企业提升产品的必经之路，只有将样品做到极致才能确保批量生产的质量
	如何确定合适的生产样品	样品一旦确定，研发人员必须将其生产环节需要注意的操作标准明确告知生产者，否则仍然影响样品的质量
第六章	制程管制概述	对整条生产线进行监管是保证质量的基本方法，否则任何一道工序出现质量事故都将严重影响产成品的最终质量及功效
	制程变动的原因和对策	制程并非一个固定的程序，它是随着企业的发展或者说是依据市场需求而需要不断更新完善的程序；只有具备不断升级的制程，才能推动企业持续发展
	SOP 制程管制	建立标准的作业方法是很多企业都想做的事情，但是如何将这些标准做到实处提升质量，却需要管理者和员工共同努力，否则很难在作业中保证产品质量
	无意识差错的产生及预防	将简单无味的工作做到极致就是管理的成功，所有管理者必须找到问题的源头，而非一味指责员工工作不力
	制程审核	做好制程审核是绝大多数的稳定型发展企业都在为之努力的项目，因为这些企业知道严格审核制程对企业的重要性
第七章	质量检验概述	质量检验是产品出厂前必须完成的重要环节，无论是管理者还是操作人员都要认真对待这一程序
	质量检验流程	因产品类型的不同，每个企业的质量检验步骤也不尽相同，但有一点相同，都是为了确保产品质量符合使用标准
	质量检验的主要管理制度	构建检验制度是企业标准化发展的重要举措，否则，产品质量检验很难得到保障
	出厂号码有讲究	每一批产品都有自己的出厂号码，而这些号码涵盖了很多产品信息，一旦产品出现问题，就可以根据出厂号码进行追踪，找到质量问题的所在
	产品瑕疵要清楚	所有面向市场的产品并非都是十全十美的，有些存在瑕疵的产品也会在市场上流动；但是厂家要明确这些产品存在瑕疵，不能以次充好，欺骗消费者
	质量检验的 QC 七大手法	如何快速地解决质量问题是很多管理者都在面对的难题，很多管理专家通过不断的总结，获得了相关的管理方法，并在实践中得到了证实，这些方法可以有效地解决质量问题
	质量检验的新 QC 七大手法	在市场高速发展的时代中，管理方法也在不断更新换代，否则很多企业又会陷入质量的沼泽中

第二篇　直捣黄龙

第八章　上帝需要观察了解
——关注内外客户需求

本章提要：

▶ 留意内外客户投诉的危害

▶ 如何应对外部客户投诉

▶ 如何应对内部客户投诉

▶ 把后工序当成客户的几个工作要点

俗话说：好事不出门，坏事传千里。有研究表明，平均而言，一个不满意的客户会将自己的抱怨分别传达给另外 11 个人，而他们每个人又会形成一阵龙卷风，分别将这种不满意传达给另外的 55 人，大多数的企业都因这种糟糕的"蝴蝶效应"而受损。

如果一个企业不能够时刻关注内外客户需求，不能够妥善处理客户投诉，不能够及时处理积累很多的客户抱怨，最终企业将会丧失比想象还多的客户，甚至自取灭亡。

一、投诉危害知多少

投诉是消费者或使用者针对某商品或服务中存在的质量问题，如不足、缺陷等，而向制造商或者供应商所提出的抱怨或表达的不满。

从这个定义上看，只要经济存在，商品买卖就存在；只要商品买卖存在，服务关系就存在；只要服务关系存在，投诉就会永远伴随着提供商品或服务的人。

松下幸之助曾经说："客户的抱怨，经常是我们反败为胜的良机。"但是，如果我们处理不好客户的投诉和抱怨，不仅丢掉了为促进质量改进、提高产品品质的数据，而且也丧失了与客户巩固关系的好机会。

虽然有些人可能经常会说："常在河边走，哪有不湿鞋！"但三鹿集团正是由于"轻松"面对客户投诉而付出了惨痛的代价。

案例
谁是罪魁祸首？

2008年9月22日，质检总局下达了一项命令，要求各地统一三聚氰胺检测方法和仪器。牛奶质检终于有了统一标准了！

然而，对于"命令"一词可能很多人并不感到稀奇，但对于三聚氰胺可能无人不知无人不晓。

相信登录过三鹿网站的人会感到更加惊讶：经中国品牌资产评价中心评定，三鹿品牌价值达149.07亿元，而且是用了半个世纪的积累，但只用了半年的时间，149.07亿元变成了零甚至负数。

原因何在？为什么三鹿集团股份有限公司11日晚才发布产品召回声明，并声称经公司"自检"发现2008年8月6日前出厂的部分批次三鹿婴幼儿奶粉受到三聚氰胺的污染，市场上大约有700吨？

有人把三鹿事件归根于奶源失控。导致三鹿原奶问题的直接原因极有可能是收奶贩子在原奶收上来后，为了牟取暴利，增加重量和质量，在原奶中增加了三聚氰胺这种化工原料！

但事实是怎样的呢？可以说"奶贩子"只是三鹿走向灭亡的一个导火索，真正的炸弹却是三鹿自己埋下的。因为人们已经给了三鹿足够的时间，具体地说从3月到7月给了三鹿4个月的时间让其可以觉察并修正自己的错误，而三鹿根本就觉得自己没错。

试问，如果三鹿集团能够及时建立一套应对客户投诉的机制，也许不会落得如此狼狈，也许真的能够成为民族骄傲的品牌，也许将成为"国荣"。但正是因为三鹿集团太轻松处理客户投诉，三鹿终成为"国耻"。

事情到此本应告一段落，但有人却认为三鹿企业的某些管理者是被冤枉的。其实，三鹿集团永远逃不脱干系。三鹿对客户投诉的态度，承认错误的态度，对投诉的整个处理方式等成为真正的"毒"。它就像"三聚氰胺"一样，让三鹿集团得了"肾衰竭"，并最终病入膏肓。

时至今日，三鹿对客户的不负责任，已经不是几个不法供应商违规所能掩盖的。虽然通过三鹿奶粉事件，让我们不约而同地想到了食品危机，但站在企业侧面，企业管理者更应该清楚地认识到客户投诉给企业带来的危害。

曾有位名人说过："如果一个实验不能重复五次以上，不要轻易下结论。"而我们呢，经常搞1~2个数据，就出了结论。

人往往很容易按照自己的思维方式去考虑问题，甚至根据自己的习惯对某些事情做出结论。但作为质量管理者，我们应该认识到自己的工作并不是单纯为了自己，更多的是应该考虑客户的需要。我们只有认真调查、分析再做决定，关注他们的需要，努力去满足他们的需要，才能够进步，才能够永远抓住品质。

笔者箴言　　由于产品无法满足客户需求，甚至给其带来损失，客户自然会投诉产品。面对投诉时，我们必须从客户的角度来解决问题。

思考题：

1. 什么是投诉？

2. 投诉将给企业带来哪些危害？

二、外部客户投诉是机遇

客户是上帝，客户是朋友，客户是衣食父母，这些耳熟能详的话今天被越来越多的企业认同，而且各种企业组织已经建立成了或正在建立专门处理客户反馈信息的部门，但这种信息中有一种最让人头痛——投诉。

任何一个客户的抱怨如果没有被及时、妥善处理，就有可能马上形成破坏性极大的"蝴蝶效应"，但聪明的企业都明白这意味着"机遇"。

常言道：良药苦口利于病，忠言逆耳利于行。"客户投诉"是客户对商品或服务品质不满的一种具体表现，尽管有些投诉看起来真的是很疯狂，但是有时候它还是真的存在，该怎么办？

如果我们每次在看待任何投诉时都秉持着冷静的思考去找寻解决的方法，妥善应对，圆满解决，并充分检讨与改善，将其化为提升产品质量的良机，是否还会引致不满和纠纷？

其实从另一个角度来看，这些投诉问题看起来会比较简单，而且是最好的产品情报，作为质量管理人员不仅没有理由逃避，更应该怀抱感激之情欣然前往处理。

所以在碰到问题还没有投入一些真诚的努力时，千万不要直接就反应说那是不可能的。

案例

秀逗的庞帝雅克

有一天美国通用汽车公司的庞帝雅克（Pontiac）部门收到了一封用户抱怨信，上面是这样写的：这是我为了同一件事第二次写信给你们，我不会怪你们为什么没有回信给我，因为我也觉得这样别人会认为我疯了，但这的确是一个事实。

我们家有一个传统的习惯，就是我们每天在吃完晚餐后，都会用冰激凌来做我们的饭后甜点。由于冰激凌的口味很多，所以我们家每天在饭后投票决定要吃哪一种口味，等大家决定后我就会开车去买。但自从最近我买了一部新的庞帝雅克后，在我去买冰激凌的这段路上出现了问题。

你知道吗？每当我买的冰激凌是香草口味时，我从店里出来时车子就发动不了。但如果我买的是其他的口味，车子发动就顺得很。我要让你知道，我对这件事情是非常认真的，尽管这个问题听起来很无厘头。为什么这部庞帝雅克每当我买了香草冰激凌时它就秀逗，而我不管什么时候买其他任何口味的冰激凌，它就像一尾活龙？

事实上庞帝雅克的总经理对这封信还真的心存怀疑，但他还是派了一位工程师去查看。当工程师去找这位仁兄时，很惊讶地发现这封信是出于一位事业成功、乐观且受了高等教育的人之手。工程师与这位仁兄安排的见面时间刚好是在用完晚餐后，两人于是一个箭步跃上车，往冰激凌店开去。那个晚上的投票结果是香草口味，当买好香草冰激凌回到车上时，车子又秀逗了。这位工程师之后又应约来了三个晚上。第一晚，巧克力冰激凌，车子没事。第二晚，草莓冰激凌，车子也没事。第三晚，香草冰激凌，车子秀逗了。

这位工程师到目前还是死不相信这位仁兄的车子对香草过敏。因此，他仍然不放弃安排相同的行程，希望能够将这个问题解决。工程师开始记下从头到现在所发生的种种详细资料，如时间、车子使用油的种类、车子开出及开回的时间……根据资料，他有了一个结论，这位仁兄买香草冰激凌所花的时间比其他口味的要少。

为什么呢？原因出在这家冰激凌店的内部设置上，香草冰激凌是所有冰激凌口味中最畅销的一种，店家为了让顾客每次都能很快地拿取，就将香草口味特别陈列在单独的冰柜里，并将冰柜放置在店的前端，而其他口味则放置在距离收银台较远的后端。

现在，工程师的疑问是，为什么这部车会因为从熄火到重新启动的时间较短时就秀逗呢？原因很清楚，这绝对不是香草冰激凌的关系，工程师很快发现，答案应该是"蒸汽锁"。因为当这位仁兄买其他口味时，由于时间较长，引擎有足够的时间散热，重新发动时就没有太大的问题。但是买香草口味时，由于花的时间较短，引擎太热而无法让"蒸汽锁"有足够的时间散热。

由此可见，正是由于这个投诉，让工程师发现了庞帝雅克轿车质量上的一个问题。同时，也为庞帝雅克的引擎"蒸汽锁"的质量改进带来了机遇。

任何一个产品都会出现质量投诉，而客户对你的产品进行质量投诉，是因为客户对你还存有一线希望，对你还有信心。如果我们能够把处理质量投诉作为日常经营管理工作之一，妥善处理客户投诉，并真心诚意地说一声"我向您道歉"，或许我们可以因小得大，因祸得福。

因此，第一，我们应该做好心理准备，端正态度，感谢客户因产品质量向我们投诉。不少生产企业在接到众多的客户投诉时，不但不接受事实，甚至还固执地认为是客户造成的，以致错失良机酿成大错。

实际上，客户在投诉的时候，大部分只会一味地表达出自己的不满，绝对不会考虑生产者做出了多大努力，付出了多少精力，耗费了多少心血，而此时，你要懂得听比客户表达的内容更重要的道理，心平气和地听下去，并乐观地接受投诉。

第二，我们要建立客户投诉档案，听后再说，认真地了解客户投诉的真正目的和引起投诉的原因。

通常，在客户没有"诉"完之前，你千万不可与客户进行辩解，这样只会火上浇油，让事情变得更糟，应让客人先说完意见，耐心倾听后再作回应。

此外，建立客户投诉档案是一个集中收集、反馈所有客户投诉的系统方法，因为客户投诉档案中包括机会、合同、客户投诉在内的所有事件，可为我们逐一解决问题提供帮助。

第三，培养耐心，能屈能伸，晓之以理，动之以情。

在众多投诉案件中，我们可能经常会遇到一些具有攻击性，而且令人感到难堪的投诉，即使有时候明明知道客户是无理取闹，但你绝对不能倒打一耙，通过反投诉再告他一状，而是需要你具有足够的耐心。其实，让步的艺术比进攻的艺术更高尚。

所谓能屈能伸，就是要你"忍辱负重，忍气吞声"，细心聆听并进一步查询详细资料，这些资料可能有助于你改进产品质量和服务。

第四，抓住关键点，建立专门的部门处理投诉，打破砂锅问到底。

一般怒气冲冲的客户，往往会有数不清的问题等着你解决，而通过建立专门的投诉处理部门，能够对全部过程进行跟踪，可以将他所提出的意见集中后抓住关键的问题去解决。同时，投诉处理部门会将客户投诉的相关内容写成报告，分发给相关的工作人员，并要求在报告上填写纠正措施和预防措施，跟踪到底，以便治标更治本。

正确对待和处理客户投诉，是关系到企业品牌和形象的大问题，切不可掉以轻心。处理客户投诉，不仅是找出症结所在，满足客户需要，同时，管理人员还应该注重做好客户投诉、客户抱怨的记录，跟踪投诉的处理过程，并进行投诉的处理满意度调查等，必须努力恢复客户对企业的信赖，如图 8-1 所示。

总之，对待客户的投诉，必须耐心倾听，谨慎处理，从根本上解决投诉问题，才是我们共同的期望。

笔者箴言 ▷ 　正确对待客户投诉已经被很多大型企业所重视。因为他们知道，投诉是客户对自己企业的信赖，是产品得到认可的标志。

图8-1　正确处理客户投诉

思考题：

1. 外部客户投诉是机遇吗？

2. 如何处理外部客户投诉？

三、内部客户投诉需谨慎

现在许多生产企业高度重视外部客户投诉，如制定许多规范要求、规范投诉程序、加强与外部客户的沟通等，力求提高客户满意度。但是，对内部客户——内部员工投诉的管理往往被忽视。

看到这些你有什么感想？你在工作中是不是也存在这样的问题而忽视了向你的内部客户了解自己的工作情况呢？

事实上，许多生产管理者没有把企业员工作为"内部客户"去管理和对待，对员工的投诉不重视、不处理，甚至不耐烦，其实这是管理理念严重滞后的表现。

我们常常以为只有服务部门、营销部门与客户打交道，其实每一位生产管理者每天的工作都是在与客户打交道，只不过服务部门与营销部门的客户是在企业的外部，而生产管理者的客户是在企业的内部。

有相当一部分企业生产管理人员，认为他们只需要完成自己的工作就足够了，其他员工的工作与自己毫无关系，这实际上是不正确的。

诚然，作为一名干部，生产管理者的首要职责是完成公司交付给自己的工作，但只做到这一步，还远远不够。

随着生产力的发展和科技的进步，一个企业、一个组织中，几乎没有一个人可以独立完成一个产品的所有生产工作的，各个企业的生产环节都是由多个员工共同完成的，客户不满、员工不满已经成为一种很正常的现象。

因而，作为生产管理者，要想做到所有人都满意，成本太大，代价过高，也不现实，但是生产管理者只有在工作中注意与他人的沟通与协作，真诚应对员工的不满，采取正确的处理方法，将每一位员工都当成自己最"贴身"的客户才能够更好地保证产品的品质，促进企业的正常运转。

此外，提高员工满意度已成为考核企业管理者的重要指标之一。曾经有家生产企业想在做大做强后上市，证券公司做了深入细致的调查，其中有个重要的指标就是对员工满意度的调查，结果这个企业员工满意度不高，上市随之成了泡影。

这个例子给了我们许多启示，员工满意度不高，说明团队精神差、员工凝聚力不高、产品品质低下，企业存在着巨大的经营风险。

那么，如何让员工满意呢？

通常，提高员工满意度的工作是复杂的、细致的、战略性的，而且离不开高明的管理，如对于企业文化建设、科室团队建设、企业战略目标、企业核心理念、企业薪酬体系、人力资源管理等必须正确对待，认真处理。

然而，我们都知道管理深处是激励，由于企业制度问题、领导作风问题、科室合作问题、部门服务问题、处理员工问题、沟通不良问题等，都可能成为员工投诉的事由，而激励如领导亲自接待、员工座谈会等，就是通过满足员工的需要而使之努力工作，从而实现组织目标的过程。

也就是说，作为生产管理者，一方面，要高度重视员工投诉，并将此列入考核指标，通过激励，使员工看到自己的需要与组织目标之间的联系，使之处于一种驱动状态，在这种驱动状态下，他们所付出的努力不仅要满足个人需要，同时还要通过达成工作绩效而实现组织目标。

另一方面，要使员工的投诉渠道通畅，调动人的积极性和创造性；要建立一系列制度来保证员工的投诉得到规范、及时、有效的处理并将处理结果进行通报，使企业的管理工作不断进步；要在员工投诉中发现管理中存在的问题并进行持续改进，吸引更多的人为实现组织目标而不断提高工作绩效，使符合企业目标的行为得到强化。

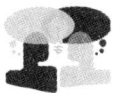

案例

员工也可以投诉

员工是产品生产过程中最有话语权的人，他们对产品提出的质疑最值得管理者深思。小张是刚进技术组的新人，但是通过其细心的观察，他发现产品在轴承连接上存在隐患。经过多次试验及不断调试，终于发现产品轴承连接处的罗圈少了一层。这样的话，产品的使用期就会受到影响。经过改进，产品的质量得到了保证，且使用期限也得到了延长。

所以说，内部员工的质疑或者投诉最值得管理者重视。

2005 年，金地物业郭琳总经理在战略调整时期代表公司领导集体，提出了"员工是公司的内部客户"的新文化理念，他说："员工是企业的内部客户，是企业的金矿，公司只有像对待客户一样对待员工，真正了解员工的疾苦，解决他们的实际困难，才能激发员工的工作热情，增强公司组织的凝聚力，员工也才能够为业主提供品质稀缺而珍贵的服务，企业也才能够有长足的发展。"

从某种意义上，我们强调员工是公司的内部客户，是公司的文化，但这又不是纯粹的文化问题，文化的表象是企业的精神，文化的实质是为员工解决问题。

各级组织要在公司文化体系的引导下树立为员工解决实际问题的责任感与紧迫感，要在一定的条件下，切实提高或解决基层员工的工薪问题、休息问题、文化生活问题等，我们还要建立起员工沟通机制、员工满意度调查机制、生病员工就医探访管理程序和业余文化活动计划、方案和措施等，体现员工是公司内部客户的实际内涵。

虽然文化是企业的思想和性格的反映，但更要重视文化被员工所接受或使员工受益，并通过员工把文化思想和性格转化为一种企业的力量，从而形成企业的文化力！

法无定法，万法归宗。处理投诉的方法有千万种，能否奏效，在于管理者如何在平时的工作与生活中点点滴滴地将这些方法运用起来，既要注意针对性、实效性，又要注意多样性、经常性和突然性。

管理就是借力，通过各种解决方法，团结一切可以团结的力量，让所有人愿意把力量借给企业，使企业发展波澜壮阔，无往不胜。

企业经营要服务好两个客户：一是内部客户即员工，二是外部客户，现代企业管理已经逐步由以外部为中心，向以员工为中心进行过渡，只有先服务好内部客户，使员工满意，正确采取对员工投诉的人性化管理，才能让员工更愉快地为外部客户服务。

笔者箴言 　产品性能的第一接触者是员工，所以我们管理者有义务听取内部人员对产品的质疑和质量投诉，并追踪问题，给出解决方案。

思考题：

1. 什么是内部客户投诉？

2. 内部客户投诉有危害吗？

3. 如何处理内部客户投诉？

四、后工序"失意"是自杀

对于一家21世纪的企业而言，市场是任何一个企业生存和发展的前提，但必须通过竞争才能赢得市场，竞争的形式多种多样，如质量竞争、价格竞争、品牌竞争、服务竞争、人才竞争等，但其实质目标只有一个——赢得顾客。

在这个品质决定成败的年代，要赢得顾客，就必须提高客户满意度，这不仅是企业制胜的法宝，更是企业的一项基本功。但不少企业对客户投诉越来越紧张，究其原因主要是对客户的类型划分不清，对"客户"这一概念的认识存在着偏差，总认为客户就是指"最终消费者"。

其实，从一定意义上讲，公司内部员工之间、部门之间、上下级之间、平级（有工序衔接关系的）之间等，也都是客户关系，这种种特殊的客户关系可以称作内部客户关系。

然而，在强调"客户满意度"是企业生存与发展的决定因素的今天，我们往往忽视了"后工序满意度"的重要性。实际上，对后工序"失意"的企业不可能取得外部客户的满意，甚至是企业的一种自杀行为。

案例

生产车间情景再现

"管理员，这份工作我不干了，2车间的那帮人简直快要把我气死了。"1车间的送料员张衡还没有把送料车停稳就气冲冲地告起了状。

"先别急，到底是什么事把你气成了这样子，先喝口水再说给我听听。"管理员用非常温和的语气安慰张衡。

张衡哪有心情喝水，不耐烦地说道："还不是前几天那事，这次我们车间送过去的材料他们还是不肯收，说是我们材料里面的杂质还是太多，会对机器设备造成损害，并且还说我们工作效率太低，已经浪费了他们很多时间了。但我这次去完全是按照你的吩咐直接送过去的，谁知道他们又让我白跑了一趟，而且还要求我们必须在一天之内马上重新清理一遍，然后再送过去，否则，他们不但不收货，而且还要向上级领导投诉我们，你说气不气人？"

如果你是1车间的管理员，听过张衡的话后你会怎么做？

实际上，无论是员工，还是管理者，都要扪心自问：我们把其他生产部门看成客户了吗？把后工序看成客户了吗？把后工序的工作看成客户了吗？

如果没有，或没有太在意，那么，从今天起，不要再把其他部门看成对手，不要再把后工序看成工具，不要再把后工序的工作看成对手。

我们与后工序之间的关系，既不是恩人，也不是冤家；既不能当作避风的港湾，也不能当作时时提防的异己；既不能高高在上孤立自己，也不能毫无原则地一团和气。

我们与后工序之间是什么关系？是团结互助的合作关系，是信息流通的交换关系，是彼此需要的客户关系。

目前大部分企业都比较关注外部客户以及内部员工的投诉，却忽略了来自组织内部的后工序的投诉，这是一种非常不正确的做法。因为任何组织都需要通过内部员工和系统来处理外部投诉，在确立了后工序就是客户后，就可以让每一个员工都来为实现产品的质量、交期而努力，如果后工序投诉都没有解决好，那么如何能处理好外部投诉呢？

通常，后工序投诉所表现出来的问题是无法忽视的，例如后工序的员工有权力拒绝接收来自前工序的不良品，他们操作着直面客户的具体工作，其行动直接影响着客户的感受，这就需要我们在自己的工作中采取行动，减少后工序的投诉。

我们可以从以下几方面来搞好与后工序之间的关系，即提高"后工序的满意度"：

①每个工序的成员都应努力完成好该工序职能说明书中所规定的各项工作，特别是对后工序来说很重要的工作。

②多了解后工序的操作程序，经常站在后工序的角度去思考问题，并及时向后工序反馈相关的信息。

③如果工作过程中出现了职能说明书中没有描述到的"灰色地带"事务时，生产管理者应能主动承担下来。

一个成熟的生产管理者，最重要是心智成熟，懂得尊重与感恩。这个世界上，没有任何一个人对你的付出是理所应当的。大家有着不同的目标，比如家庭幸福、公司创效、精神和物质的双丰收等，每个人也应该懂得和学会对内部、外部的客户表示尊重和感恩，在这样平等的心态下，才能获得共赢的美好结局。

市场经济有一条颠扑不破的真理，即谁更关注客户，谁能让客户感受到的不是生硬的销售，不是价格的谈判，而是对其所需价值的体会与判断，谁就会拥有更大的市场。

因此，对于企业来讲，最好的办法就是勇敢面对而不是逃避，这才是战略性的胜利，真正的不战而屈人之术。

笔者箴言　　如果一家企业能将企业内部之间的协调与合作厘清，那么企业在市场上的竞争力就会增强。因为内部的认知统一了，产品的综合质量就有了保证。

思考题：

1. 后工序也是客户吗？

2. 如何提高后工序的满意度？

第九章　小工作成就大辉煌
——加强质量改进

本章提要：

▶ 质量改进的定义和意义

▶ 质量改进的理论模式

▶ 质量改进的对象及选择方法

▶ 质量改进的组织与推进

▶ 质量改进的步骤

▶ 质量改进的工具和技术

拿什么拯救你？在中国经济内忧外患，生产企业在产品市场中的竞争日趋白热化，产品质量"否决效应"日渐明显、突出的危机下，我们又该怎么办？该如何过冬？

质量改进——企业成功的基石，超越岛国之狭隘的"巨人"。

当历史的车轮驶入 21 世纪的大门，古老的生产企业注定要敞开胸怀来拥抱世界，加强质量改进。

一、质量改进概述

作为一名质量管理人员，如果你所在的企业产品质量问题很多，且经济效益一般，你会如何解决质量问题呢？如果想提高产品品质，但遇到的问题很多，且资源有限，你应该从哪里入手呢？

近年来，大部分企业都在想方设法推行工序质量控制，以使产品质量有所提高，但并未取得突破性的进展，究其主要原因是缺乏质量改进的观念。

日本著名的质量管理专家久米钧曾经指出：质量改进是解决产品质量问题、提高产品品质的关键，是质量管理的精髓。例如你买了一辆二手车，但发现汽车的引擎存在问题，每次加入一罐机油只能行驶200公里，如果你愿意去车厂彻底将引擎修好，也就是说将引擎的质量进行改进，那么引擎的质量问题——耗油也就会迎刃而解。

质量改进（Quality Improvement）在国际标准中的定义是：企业为了增加本组织及其顾客的效益，在整个企业范围内由各部门内部人员对现有过程进行突破性改进，以追求更高的过程效果和效率为目标所采取的各种措施。

质量改进是通过改进产品或服务的形成过程来实现的。纠正过程输出的不良结果只能消除已经发生的质量缺陷，只有主动采取措施，使质量在原有的基础上有突破性的提高才能从根本上消除产生缺陷的原因。

美国质量管理学家朱兰在欧洲质量管理组织第30届年会上发表《总体质量规划》的论文中指出：质量改进是一个过程，必须按照一定的规则进行，才能使效果达到前所未有的水平，否则会影响改进的成效，甚至会徒劳无功。由此可见，质量改进的含义应包括以下内容：

①质量改进不是盲目的。质量改进的对象包括产品（或服务）质量以及与它有关的工作质量，也就是通常所说的产品质量和工作质量两个方面。前者如空调厂生产的空调的实物质量，酒店的输出服务质量等；后者如企业生产部门的工作质量，车间计划调度部门的工作质量等。

②质量改进是为了有所突破和提高。质量改进是为了"未来"的需要。朱兰认为：质量改进的最终效果是按照比原计划目标高得多的质量水平进行工作。如此工作必然得到比原来目标高得多的产品质量，而改进的效果则是突破或提高。

③质量改进随着时代的发展而发展。中国有句古话：生于忧患，死于安乐。质量改进随着时代的发展是永无止境的。如果只立足于当代，而不改变现状、裹足不前，那么我们的企业只能是昙花一现。

④理解永久性缺陷和突发性缺陷。永久性缺陷是类似人们常说的"慢性病"，是生产过程中随机偏差综合影响所造成的。人们虽然对它有所察觉，但习以为常，缺乏采取措施的紧迫感。例如，某车间不合格品率由30%下降到10%，并长期停滞在该水平上，人们认为10%的不合格品率是天经地义之事，从而不思改

进。突发性缺陷类似人们常说的"急性病"，是指产品质量突然恶化所造成的缺陷。在质量改进过程中，缺陷是改进的主要对象，既要及时排除产品的质量缺陷，又要保证产品质量的继续提高。

了解了质量改进的含义，那么为什么要进行质量改进呢？

在国际标准中，质量改进已被列为要素进行实施。我国早在20世纪90年代就已经提出对企业的质量体系实行认证，而且实行与国际质量管理和质量保证标准接轨已作为认证体系中必审项目。

当然，质量改进并不是只为了符合国家的要求，更重要的是企业自身的需要。企业要发展必须生产出客户满意、消费者需要、在市场上有竞争力的产品。而质量改进不仅是质量管理的一个十分重要的环节，同时也是改善质量生产体系，促进质量体系有效运行，提高产品品质，满足所有要求的重要措施和手段。因此，质量改进具有非凡的意义：

①质量改进通过对产品设计和生产工艺的改进，对现有的质量水平在控制的基础上加以提高，更加合理、有效地使用资金和技术力量，消除系统性的问题，充分挖掘组织的潜力，从而发挥各部门的质量职能，提高工作质量，为产品质量提供强有力的保证，使质量达到一个新水平、新高度。

②质量改进可以促进新产品开发，改进产品性能，以提高产品的制造质量，减少不合格品的出现，并通过提高产品的适应性，提高组织产品的市场竞争力，从而延长产品的生命周期，实现增产增效提高投资收益率。

③产品质量水平已成为企业经营目标主要参数，而且市场竞争态势已经由"价格竞争"转向"质量竞争"，如果产品质量低于"市场质量"，必然得不到市场认可，从而影响企业的生存和发展。

案例

鹰的第二"春"

你知道世界上寿命最长的鸟类是什么吗？鹰！

据动物学家调查，鹰不但是寿命最长的鸟类，而且还可以奇迹般地活到70岁。然而，如果鹰要度过搏击长空70年的峥嵘岁月，它必须在40岁的时候做出艰难却非常重要的一次抉择——更新改进。

据动物学家研究发现，有一部分鹰在40岁的时候就会死亡，只有大约

30%的鹰可以活 70 年。

原来，当一只鹰活到 40 岁左右的时候，就会出现老态龙钟，鹰的喙会变得弯曲、脆弱，几乎碰到胸膛，不能一击而制服猎物；爪子开始老化，因为常年捕食而变钝，无法有力地抓攫猎物；羽毛长得又浓又厚，翅膀变得十分沉重，不再能够自由飞翔。

这个时候，你很难想象它曾经是动物世界里弱肉强食链环中的残酷一霸。而鹰只能有两种选择：或者回到巢穴静静等死，或者进行一次血淋淋的自我蜕变。

第二种选择通常要经过 5 个月漫长的重新改进。它必须耗尽最后的力气，挣扎着飞到一处渺无人迹的悬崖上筑一个巢，停留在那里，不再飞翔。

然后，鹰首先用它的喙在岩石上日复一日的敲打，直到完全脱落。接下来，鹰就要忍着饥饿和疼痛，孤寂地开始漫长的等待，等待从血痂中长出新喙。新喙首先不是用来捕食，它会先用新长出的喙把指甲一根一根地拔出来，然后又要经历一个痛苦而漫长的等待，等待长出新的、锋利的爪子。在这两件工作完成后，再把翅膀上的旧羽毛一根一根地全部拔掉。

5 个月以后，新的羽毛长出来了，悬崖上的那只老鹰又把翱翔的轨迹写上了长空，它赢得了第二"春"——又一次赢得了 30 年的新生命。

成长有时意味着对自我的全新改进，这必须要对过去的自我进行否定，而且这个过程也许有着无法想象的痛苦。

对于企业来说，质量改进在纠正偶发性问题的同时，更重要的是对长期存在的问题的改进。虽然化蛹为蝶是极其痛苦的，但企业在建立和实施质量体系时，任何一个生产部门的管理者都应进行持续的质量改进，只能在否定中成长和奋进。

质量改进是一种否定性的选择，每一次改进必然就是一次严峻的自我考验和自我挑战，甚至是一种撕心裂肺的重新整合，一种脱胎换骨的崭新磨砺。但只要我们愿意放下去，愿意学习新的技能，就能发挥我们的潜能，使客户满足，消费者满意，也使本企业获得更好的效果和效率，创造新的未来！

笔者箴言 　质量改进是企业得以持续发展的必由之路。任何一家发展良性的企业都在不停地做一件事：不断否定自己、完善自己。

思考题：

1. 什么是质量改进？

2. 质量改进包括哪些内容？

3. 质量改进有何意义？

二、质量改进的理论模式

自从日本企业于 20 世纪 70 年代以产品质量优异享誉国际以来，质量改进的观念已经逐渐受到全世界企业经营者的注意。而且，盛行于日本的品管圈活动也曾经在美国刮起一阵旋风，打破了美国企业一向欠缺全员动员、主要依赖少数精英的创新发明的想法，而这一切主要是因为质量改进独特的理论模式。

质量改进的理论模式主要包括两个方面：一是质量控制与质量改进的本质对比；二是质量改进的典型管理策略。

1. 质量控制与质量改进对比

首先是定义上的不同。虽然质量控制和质量改进都是质量管理的一部分，但质量控制的目的是维持某一特定的质量水平，控制系统的偶发性缺陷，主要致力于满足质量要求，是日常进行的工作，可以纳入"操作规程"中加以贯彻执行；而质量改进则是消除系统性的问题，对现有的质量水平在控制的基础上加以提高，对某一特定的质量水平进行"突破性"的变革，主要致力于增强满足质量要求的能力，使企业在更高的目标水平下处于相对平衡的状态，从而使质量达到一个新水平、新高度。但质量改进只是一项阶段性的工作，达到既定目标之后，该项工作就完成了，所以只能纳入"质量计划"中加以贯彻执行。

其次是实现方法不同。质量控制的重点主要是防止错误或问题的发生，通过日常的检验、试验调整和配备必要的资源，使产品质量维持在一定的水平，也就是说使产品或服务质量在规定的质量要求下得到保证；而质量改进则是通过不断采取纠正和预防措施来增强企业的质量管理水平，不但可以满足质量要求，而且还可以满足比规定要求更高的要求，从而不断提高顾客的满意程度。

最后是两者之间存在着密切关系。因为质量改进必须建立在搞好质量控制、充分发挥现有控制系统能力、使全过程处于受控状态的基础之上，只有稳定的质量控制，才能使产品从设计、制造、服务到最终满足顾客要求获得质量改进。否则，质量改进的效果也无法保证。

2. 质量改进的策略

目前，世界各国的企业都在重视质量改进的实施策略，但方法不一。美国麻省理工学院 Robert Hayes 教授将其归纳为两种类型，一种称为"递增型"策略；另一种称为"跳跃型"策略。它们的区别在于：质量改进阶段的划分以及改进的目标效益值的确定两个方面。

递增型质量改进的特点是：改进步伐小，改进频繁。这种策略认为，最重要的是每天每月都要改进各方面的工作，即使改进的步子很微小，但可以保证无止境地改进。递增型质量改进的优点是，将质量改进列入日常的工作计划中去，保证改进工作不间断地进行。由于改进的目标不高，课题不受限制，所以具有广泛的群众基础。它的缺点是缺乏计划性，力量分散，所以不适用于重大的质量改进项目。

跳跃型质量改进的特点是：两次质量改进的时间间隔较长，改进的目标值较高，而且每次改进均须投入较大的力量。这种策略认为，当客观要求需要进行质量改进时，公司或企业的领导者就要做出重要的决定，集中最佳的人力、物力和时间来从事这一工作。该策略的优点是能够迈出相当大的步子，成效较大，但不具有"经常性"的特征，难以养成在日常工作中"不断改进"的观念。

任何企业内的每一部分都有不断改进的必要，因此，改进是每位员工必备的技巧。这种改进能使得生产快一点、工作好一点、品质高一点、浪费少一点、收益多一点。

质量改进的项目是广泛的，改进的目标值的要求相差又是很悬殊的，所以很难对上述两种策略进行绝对的评价。企业要在全体人员中树立"不断改进"的思想，使质量改进具有持久的群众性，可采取递增型策略。而对于某些具有竞争性的重大质量项目，可采取跳跃型策略。

笔者箴言　良好的质量控制形态是质量改进的基础，管理者务必清楚这一点，切忌盲目实施质量改进。

思考题：

1. 质量改进与质量控制有何不同？

2. 如何选择质量改进策略？

三、质量改进对象

在企业的质量管理理论中，质量改进是最有生命力的概念，改进的目的是为供需双方提供更多的利益。可以说，质量改进的范围和内容是十分广泛及丰富的。

质量改进活动贯穿于企业质量管理的全过程，改进的目标除了产品或服务的质量外，同时还包括各部门的工作质量，但改进目标的选择重点，应是永久性的缺陷。

英国首相本杰明·迪斯累里在当选以前，根本没有给人留下任何深刻的印象，只是一名写过不少小说和政论作品的毫无建树的穷作家而已。后来他涉足政坛，并下定决心要成为英国首相。他克服重重阻力，努力改进自己以谋求政治上的发展。从当选议员到高等法院首席法官，又从下议院主席到保守党领袖，终于在1868年成功当选为英国首相，实现了自己的目标。

"成功的秘诀在于正确选择目标，坚持目标，并努力改进"，本杰明·迪斯累里当选英国首相后曾在一次简短的演说中对自己的成功进行总结。

产品或服务质量改进是指改进产品或服务自身的缺陷，或是改进与之密切相关部门或人员的工作缺陷的过程。一般来说，应把妨碍企业质量方针目标实现的主要问题，作为质量改进的选择对象。同时还应对以下情况给予优先考虑：

①质量成本高与用户意见集中的项目。质量成本是企业为了生产产品而发生的各种耗费，即一定时期生产产品的单位成本，是产品价值的重要组成部分。如果质量成本过高，产品价值也会随之提高。而价值正是用户最关心的问题之一，一旦超出客户的预期便会导致意见集中，并影响产品的销售。所以，对质量成本进行改进，找出影响成本升降的各种因素，促进企业综合成本管理水平的提高。

②索赔与诉讼项目。如果产品质量存在缺陷，质量指标达不到规定标准，不仅会影响到产品本身的使用，而且很可能造成人身伤害或他人财产损害。这时，用户一定会向企业要求赔偿，严重者甚至会向法院提出诉讼，企业除了进行经济

赔偿外，同时还要接受法律的制裁，产品就难以在市场上立足。

③影响企业信誉的项目。重视产品质量如同重视我们的信用一样，产品就是人品，品质就是企业的信誉。销售产品首先要靠产品质量说话。否则，客户将对企业的信誉失去信心。

④市场上质量竞争最敏感的项目。企业应了解用户对产品众多的质量项目中最关切的是哪一项，因为它往往会决定产品在市场竞争中的成败。例如，用户对于电视的选择，主要是耐用和造型等因素，而对其耗电量往往考虑甚少，所以电视质量改进项目主要是提高它的造型和耐用的特性。

⑤市场处于饱和状态的产品项目。一般新产品投入市场后，随着企业之间的激烈竞争，市场很快就会处于饱和状态，需求量由停滞转向下滑，用户对老产品感到不足，并不断提出新的需求项目。在这一阶段必须对产品质量进行改进，与产品更新换代工作密切配合，方可在竞争市场上占有一席之地。

⑥产品质量赶不上行业先进水平的项目。通常公开颁布的各项质量标准只是产品质量要求的一般水准，而有竞争力的企业往往执行高于公开颁布标准指标的内部控制标准。因此，企业选择改进项目应以先进企业产品质量的控制标准为基础，将本企业所有落后于行业先进水平的产品质量项目列入计划，提出改进措施，否则难以占领国内外市场。

笔者箴言　　正确选择质量改进的对象有利于提升企业的综合竞争力。所以，管理者必须通过综合评估来确定质量改进的对象。

思考题：

1. 质量改进对象有哪些？
2. 哪些对象应该优先考虑？

四、质量改进目标的选择方法

一个企业就像一艘行驶在茫茫大海上的船，如果没有明确的目标，只能随波逐流。一旦企业明确了改进的目标，下定了决心，有一种对成功的渴望，就会产生强烈的使命感和激情。在这样的情况下，将没有什么能阻止我们达到目标。

目标必须是明确的，只有选择了正确的目标才能在最短的时间内达成最好的结果。有一个手表定理这样说：如果给你一块手表，你能很准确地知道现在的时间；而如果同时拿着两块手表，它们所指的时间不同，你却不敢肯定哪一个准了，反而失去了对手表指示时间的信心。质量改进项目的选定应该根据项目本身的重要程度、缺陷的严重程度、企业的技术能力和经济能力等方面的资料，综合分析后来决定。

下面介绍几种常见的选择方法：

①对比分析法。对比分析法主要是用市场上最受欢迎的产品与自己的产品进行比较、分析，并找出本企业的产品质量存在哪些方面的缺陷，从而制定出最有利的改进项目。所谓：知己知彼，百战不殆。

②统计分析法。统计分析法通常采用的工具包括：缺陷的关联图分析和缺陷的矩阵分析等。统计分析法主要是将目光注视企业内部，运用数理统计方法对产品缺陷进行统计，积极搜寻改进目标，得出清晰的数量报表，然后利用这些资料进行分析，最后根据分析的结果，选定改进项目。

③技术分析法。技术分析法主要是运用"硬技术"，在竞争对手获得高科技水平之前率先收集科学技术情报。谁走在创新的前列，能够更多地了解产品发展趋势，了解新技术在产品上应用的可能性，了解新工艺及其实用的效果等，谁就掌握了市场的主动权。然后通过科技情报的调查与分析，寻求质量改进的项目和途径，从而占领市场。

案例

最佳过冬方式

深秋来临，所有动物都在准备过冬，而忙碌之余，蚂蚁开始宣扬自己的过冬方式，它谈道："我们集体合作、同心协力，一起搬运粮食，为冬季储藏充足的食物，付出辛勤劳动。"

蚂蚁的一席话博得了广大动物的喝彩，纷纷点头赞许。然而，大雁却立即予以抨击："难道我们都必须像蚂蚁那样在尘世中贴着地面疲于奔忙吗？"

蚂蚁惊慌失措地说道："我们深知自身弱小，没有能力改变环境，但我们有勇气面对现实，我们丝毫不会选择逃避，我们努力改造家乡，使自己适应周围环境。所谓适者生存，必须让自己去适应恶劣环境，甚至是险境，否则就会被淘汰。"

大雁不慌不忙地又反问道："难道仅仅不适应一个地区的环境，就注定无法生存吗？"

蚂蚁被问得哑口无言，大雁紧接着又表示："每当冬季即将来临，如果我们不愿忍受北方严寒的天气，便主动选择离开，成群结队地迁徙到南方温暖而丰饶的地区，寻找美好的新居住环境。而且，新环境往往能激发潜质，对塑造品格不无裨益，甚至改变一生。"

此时，所有动物都将目光转向了大雁。大雁又深有体会地说道："作为候鸟，并不意味着我们不爱家乡，当然，哪里才算是家乡呢？在我们看来，放眼天地之间，整个大自然处处是我们的家乡。我们扮演旅行使者的角色，每年有规律地往返于两地，打破地域上封闭狭隘的界限与壁垒，这不仅能使自己放飞心情、拓宽眼界、增长见识，而且还势必有助于增强两地间的联系，促进多元文化的友好交流。相反，蚂蚁则目光短浅，一辈子充其量只在方圆几十米的区域活动，光晓得发生在身边的那点小事。"

有位质量管理大师说："不必担心你的能力，只要有攀登高峰的决心，总能找到前进的道路。"一个企业追求质量改进的目标愈高，事业也就发展得愈快。

笔者箴言　盲目的质量改进不仅不能改变产品质量，反而会使企业走向质量的深渊，所以质量管理组必须通过正确的方法推断出质量改进目标。

思考题：

1. 质量改进对象需要选择吗？
2. 如何正确选择质量改进项目？

五、质量改进的组织与推进

质量改进的组织可以分为两个层次：一是管理层，即质量管理委员会，主要是从整体的角度为改进项目调动资源；二是实施层，即质量改进团队或称质量改进小组，主要是为了具体地开展工作项目而进行的组织。

其实，不论是管理层，还是实施层，都是为了一个目的——提高产品的质量，其主要任务是：

①每个组织的质量管理部门应认真负责质量改进的组织工作，主要任务包括：提出质量改进的方针、策略和目标，明确指导思想，支持和协调组织内各单位、部门的质量改进活动，并组织质量管理小组活动，以实现质量改进目标。

②在跨部门的组织过程中，应规定过程目标，在部门之间建立和保持联系，识别过程中内外顾客的需要和期望，并转化为具体的顾客要求，寻找过程质量改进机会。

为了提高企业竞争力，不少企业为质量改进进行了组织，甚至付出了巨大的代价，但有为数不少的企业却很少或根本没有因质量改进带来明显的效果，原因何在？

案例：

做一天和尚撞一天钟

有一个小和尚担任撞钟一职，按照寺院的规定，他每天必须在早上和黄昏各撞钟一次。如此半年下来，小和尚感觉天天撞钟太简单，备感无聊。于是，对工作失去兴趣与信心，干脆"做一天和尚撞一天钟"，得过且过、敷衍了事。

有一天，住持宣布调他到后院劈柴挑水，原因是他不能胜任撞钟一职。小和尚心里委屈，就问住持："我撞的钟难道不准时、不响亮？"老住持耐心地告诉他："你撞的钟虽然很准时也很响亮，但钟声空泛、疲软，没有感召力，因为你心中没有理解撞钟的意义。钟声不仅仅是寺里作息的准绳，更为重要的是唤醒沉迷众生。因此，撞出的钟声不仅要洪亮，而且要圆润、浑厚、深沉、悠远。"

从这个故事中我们可以看出，小和尚没有将钟撞好，而被住持调去劈柴挑水，似乎在情理之中。但从另一个角度仔细思量一下，小和尚未能将钟撞好，除了他本身存在一定的个人因素外，大多数的责任应该由寺院住持来承担。

简单来说，没有带不好的和尚，只有不会带和尚的住持。如果从小和尚进寺院的第一天起，其住持就能够告诉小和尚撞钟的要领及意义，或者在小和尚撞钟的过程中，及时指出他所存在的问题，结果肯定会另当别论。

> 对于企业而言，没有推进不了的质量改进，只有不会推进质量改进的管理者。

企业要想推进质量改进，取得持续质量改进的成功，必须做到：

①发挥领导的带头作用。企业的最高领导者是企业所有员工的"领头羊"，不仅对产品的质量负有不可推卸的责任，而且实现持续的质量改进也是各级领导管理层所追求的永恒目标。

因此，不断的质量改进是企业领导的重要质量职能，只有最高领导者充分地发挥带头作用，为职工提供质量主攻的主向，并不断地给予全力支持，企业职工才有信心坚持下去，并获得必要的资源帮助，最终取得效果。

②对质量改进进行策划。质量改进组织的管理者在确定明确的质量改进目标后，就应围绕如何减少质量损失来制定出既富有挑战性又恰当的质量改进计划，而且必须应使本组织的每个成员共同参与质量改进计划的制定，以保证为达到这些目标而需共同工作的所有人员理解并达成共识。此外，还必须对员工进行必要的、有效的培训和教育。

③对质量改进实施测量和评审。企业要想持续推进质量改进，每个组织都应建立一个不仅可识别和诊断质量改进机会，并且能测量质量改进活动的结果的测量系统。因为一个良好的测量系统与顾客满意度、过程效率等存在着紧密的联系，可开展组织内各个部门及各个层次的测量。通过良好的测量系统，企业可以收到积极的质量改进活动的成果，但各级管理者均应定期评审质量改进活动的绩效。因为通过质量改进活动的定期评审，可达到或确保质量改进组织能有效地起到作用，并完善和落实质量改进计划。

④配备必要的资源。通常企业进行质量改进需要占用大量的资源，如人力、物力、财力和时间等，如图9-1所示。而为了达到质量改进的目标，管理者必须配备并及时提供必要的、充分的、适宜的基本资源。

⑤克服阻碍质量改进的因素。阻碍质量改进的因素主要包括文化和技术两方面的阻力。由于进行质量改进，需要在技术和管理上进行综合性的工作，才能解决企业的质量问题，所以在质量改进过程中，克服文化上对所需技术改造的抵制以及掌握一些必要的新技术、新材料、新工艺等硬技术，是消除这些阻力推进质量改进的先决条件。

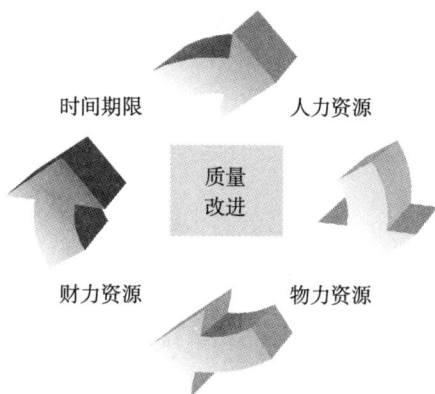

图 9-1　质量改进应配备的资源

　　质量改进的组织和推进是企业经营领导人、质量管理者和所有员工共同努力的成果，尤其是生产管理者更应改变传统观念，树立适应新时代的新思维方式，根据市场的变化，重新建立企业的管理模式和工作流程，并依靠质量改进和创新能力，提高企业和产品所必需的品质，开发用户和市场潜在的、隐含的需要，这是企业在 21 世纪——"质量"的世纪获得长期成功的诀窍。

笔者箴言　　构建科学合理的质量改进组织体系，是将改进工作落实到位的必要基础，是企业各个职能部门间良好协作的基本条件。

思考题：

1. 质量改进组织的责任是什么？
2. 如何开展质量改进活动？

六、质量改进的实施程序

　　伟大的毛主席曾对实施质量改进的过程说过一段话："总之，人类要不断总结经验，有所发现、有所发明、有所创造、有所前进，停止的论点、悲观的论点，无所作为和骄傲自满的论点都是错误的。其之所以错误，因为这些观点不符合人类大约几百万年的历史。"

　　我们通过前面几节对质量改进的了解，可以得知质量改进的基本途径是由企业各部门内部人员对现有过程进行渐进的持续改进活动，并且是企业跨部门人员参加的突破性改进。

而质量改进的基本过程和 QC 小组的活动程序也基本类似，即都是遵循 PDCA 循环过程（见表 9-1）。也就是说，任何一个质量改进活动都要经过策划 (Plan)、实施 (Do)、检查 (Check)、处置 (Action) 四个阶段，而且这四个阶段一个也不能少，如图 9-2 所示。

表 9-1　PDCA 循环过程

阶段	主要内容
P 阶段	根据顾客需要、社会要求，并通过营销和市场研究，分析质量现状，找出主要原因或影响因素，分析主要因素，以确定质量及其改进的目标、具体措施和方法
D 阶段	按既定的计划执行措施，包括实施计划前的各种资源的准备，以及有关成员的教育和培训等
C 阶段	根据计划的要求，检查实际执行的结果，即将实际执行的结果与计划目标进行比较，观察是否达到了计划的要求，或检查计划是否得到了实现
A 阶段	对检查的结果做出分析，根据检查的结果，总结成功的经验和失败的教训，并对质量改进的成果进行一定的评价

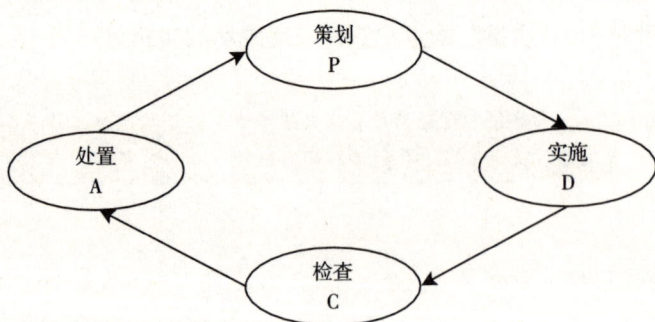

图 9-2　质量改进活动的阶段

质量改进的步骤本身就是一个 PDCA 循环，可分为七个步骤完成（见图 9-3）：

①明确问题。质量改进通常起始于对质量改进机会或项目的认识，而企业受人力、物力、财力和时间的限制，组织需要改进的问题会很多，如质量、成本、交货期、安全、激励、环境六方面。但质量改进一般围绕质量损失的测量与质量水平的比较两个方面从众多的问题中确认最主要的问题，而且解决问题时必须决定其优先顺序，明确地提出该项质量改进的必要性、重要性和内容范围，并组织全体成员参与质量改进活动，策划一个活动时间表及所需的资源。

```
┌─────────────┐
│    明确问题    │
└─────────────┘
       │
       ▼
┌─────────────┐
│    调查原因    │
└─────────────┘
       │
       ▼
┌─────────────┐
│   分析问题原因   │
└─────────────┘
       │
       ▼
┌─────────────┐
│    采取措施    │
└─────────────┘
       │
       ▼
┌─────────────┐
│    确认效果    │
└─────────────┘
       │
       ▼
┌─────────────┐
│  巩固质量改进成果  │
└─────────────┘
       │
       ▼
┌─────────────┐
│   总结遗留问题   │
└─────────────┘
```

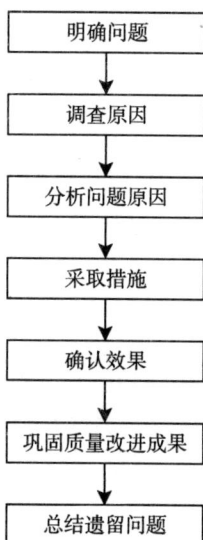

图 9-3　质量改进的步骤是一个 PDCA 循环

②调查原因。有句古诗曾说：不识庐山真面目，只缘身在此山中。解决问题的突破口往往就在问题内部，质量改进对象确定后，就要客观分析，并依据事实来了解把握当前问题的现状。通过有关质量信息数据资料的收集、确认和分析，如问题的时间、地点、种类、特征以及数据中没有包含的信息等，以增进对有待改进的过程状况的认识。

③分析问题原因。分析问题原因其实就是建立因果关系，即一个设立假说、验证假说的过程。通过对有关数据资料的统计分析，掌握有待改进过程的实质，建立起可能的因果关系，消去已确认无关的因素，重新整理剩下的因素，然后再从已设定因素中找出主要原因对建立的因果关系进行试验和确认。

④采取预防措施或纠正措施。确定因果关系后，将现象的排除与原因的排除严格区分开来，针对其原因拟订可行的预防措施或纠正措施方案，并对方案进行评估，调查各自利弊，尽量不要引起其他质量问题（副作用），选择参加者都能接受的方案。

⑤确认效果。在实施预防措施或纠正措施后，对质量改进的效果要正确确认，应及时收集和分析有关的数据资料。因为错误的确认会让人误认为问题已得到解决，从而导致问题的再次发生，甚至阻碍持续改进的积极性，所以正确的确认效果是质量改进活动是否见效或成效大小的关键。

⑥巩固质量改进成果。对质量改进有效的措施，应保持和巩固成果，要进行标准化，纳入质量文件，即修订、更改有关的标准、规范和/或作业程序、管理程序文件等，以便有关人员掌握和实施，防止同样的问题发生。

⑦对遗留问题进行总结。总结是为了给更好地开展新一轮的质量改进活动提供必要的依据，主要是针对本次质量改进活动过程中未得到顺利解决或尚未解决的遗留问题，以及对改进效果不显著的措施予以归纳总结，并考虑为解决这些问题制定下一步的改进计划。

著名质量管理专家久米钧先生曾指出："质量改进活动是企业的一项重要工作，改进过程是不断循环的、持续的、螺旋上升的、永无止境。"

案例

德国人的"死板"

曾经看过这样一则故事，中国的留德大学生见德国人做事刻板，不知变通，就存心捉弄他们一番，以嘲笑循规蹈矩的德国人。

于是，大学生们在相邻的两个电话亭上分别标上了"男"、"女"的字样，然后躲到暗处，看"呆板"的德国人到底会怎样做。一天，两天……

一个月过去了，结果他们发现，所有到电话亭打电话的人，都像是看到国家的法律法规那样，毫无怨言地进入自己该进的那个亭子。有一段时间，即使"男亭"闲置，"女亭"那边宁可排队也绝对不会去侵犯"男亭"。我们的大学生惊讶极了，不晓得何以"死心眼"到这份儿上。

事后，有些大学生刻意去询问一些德国人，而他们却平静地耸耸肩说："规则嘛，还不就是让人来遵守的吗？"

也许，德国人的循规蹈矩，或者说是刻板可以让我们开心地一连笑上半个月，而他们看似有理的解释，也足以让某些一贯无视规则的企业笑掉大牙。但是在开心之余、嘲笑之余，我们漠视规则已经多久了？我们总是"聪明"地认为，那些甘愿被规则约束的人不仅是做事刻板，不知变通，简直是"傻"。规则是死的可人是活的，死规则难道能把活人困住吗？

然而，正是因为这样，我们才会在一次次的竞争中败得一塌糊涂。

如果企业能自觉应用质量改进活动，并在改进过程中严格按照程序执行，不断持续地推进，企业本身就能不断得到提升，遇到任何问题都能得到有效解决。

企业犹如人生，在不断成长的过程中会遇到无数的困难和问题，如果你掌握了解决问题的方法，你就掌握了成长的"命脉"，它将使你卓尔不群，面对各种困难和新问题都无所畏惧，而且所到之处将取得成果！

> **笔者箴言** 只有在改进过程中严格按照程序执行，遇到问题解决问题，才能不断推进质量改进的实施及落实。

思考题：

1. 质量改进是遵循 PDCA 的循环过程吗？

2. 质量改进有哪几个步骤？

七、质量改进的工具和技术

企业所处的市场环境在不断的变化之中，面对顾客要求日益提高、市场竞争日益激烈、科学技术日新月异的新局面，企业必须不断改变自己的命运，提高管理水平，才能逃离被市场竞争淘汰的厄运。因此，质量改进作为一种不断调整企业的经营目标的"行动"，已被企业广泛接受和采用。

然而，在质量改进活动过程中，虽然质量改进需有一套合理的工作方法，即 PDCA 循环过程，但质量改进还必须强调"以数据说话"。数字数据是量化的数据，不仅能准确地反映事实，并且还可最大程度地保证分析和决策的准确性和可靠性。因此，质量改进的决策应尽可能地以数字数据为依据。

当然，世界上的万事万物都不是绝对的，如果某些数据是非量化的数据，如定性描述的某个事实或想法、因果关系、过程等，而且它们在营销、研究和开发以及管理者的决策中起着重要作用，这时，质量改进的决策就理所当然地要建立在非数字数据的基础之上。

其实，无论是以数据为依据的定量分析，还是以非数字数据为依据的分析都要按照一致、完整和科学的程序或步骤，运用一系列科学技术方法和工具，如调查表、分层图、头脑风暴法、因果分析图、控制图等开展质量改进活动，才能取得良好的效果，顺利地达到预期的改进目的。

质量改进的工具和技术是根据各种具体的分析需要而开发的，不仅种类繁多，而且应用的目的、作用、内容以及数据类型等也有所不同。如果将质量改进的工具和技术按其决策是否以数字数据为依据，可大致分成两大类，但调查表除外，因为调查表既适用于数字数据，也适用于非数字数据（见表 9–2）。

表 9–2　各种质量改进的工具和技术

类别	名称	作　　　　　　　用
适用于数字数据的工具和技术	控制图	产品在制造过程中，质量往往会出现异常波动，而控制图可决定何时某一过程需要调整或可继续保持下去。主要对质量改进过程的状态进行监控、度量、诊断和改进
	调查表	系统地收集数据资料，以获得对显示状况的明确认知，从而使数据使用处理起来也比较容易
	直方图	直方图是从总体中随机抽取样本，能够直观地显示出数据的分布情况，决定在何处集中力量进行改进
	排列图	主要是针对每一项目对整体作用的大小或贡献的多少来表示项目的重要性，并排列改进的顺序
	散布图	发现和显示两组相关数据之间相关关系的类型和程度，或确认两组相关数据之间预期的关系
适用于非数字数据的工具和技术	因果图	导致过程或产品问题的原因可能有很多因素，而通过从症状到分析原因再到寻找答案的因果过程对这些因素进行全面系统的观察和分析，可以促进问题解决
	流程图	描述现存的过程并设计新过程
	调查表	系统地收集数据资料，以获得对显示状况的明确认知，从而使数据使用处理起来也比较容易
	树图	通过表示某个论题与其组成要素之间的关系诊断，即评估过程的稳定性，从而设计新的过程
	分层图	将有关某一特定论题的大量观点、意见或想法进行组织归类，并将一个过程与公认的领先过程进行比较，以识别质量改进的机会
	头脑风暴法	识别可能的问题解决办法和潜在的质量改进机会，以分析和表达因果图解存在的关系
	水平对比法	识别可能的解决问题的办法和潜在的质量改进机会，有助于认清目标和确定计划编制的优先顺序应用

为使质量改进的工具和技术能在质量改进活动中发挥出最大的效用，不但要正确地认识、开发和使用这些工具和技术，而且还要考虑以下几个问题：

①质量改进的工具和技术不应过于复杂，但也不能简单到完全丧失运用效果。一般除在某些具体场合必须使用的一些复杂的工具和技术外，在大多数场合下，质量改进的工具和技术应该尽可能降低运用的难度和增加运用的效果。这主

要是因为全体成员都有必要掌握和运用一定的支持改进活动的分析工具和技术，而员工的技术水平有高有低，如果这些工具和技术过于复杂或难度过大，最终将因为其不能或难以被掌握和运用而失去它的作用。

②质量改进的工具和技术并不是质量改进的目的，而只是改进的工具或手段。换句话说，虽然工具和技术不能少，但必须服从于质量改进项目或活动的具体需要或要求，以特定的实用目的来开发和运用相应的工具和技术。反之，如果离开了质量改进的特定目的和内容，任何工具都没有价值和意义，盲目地或形式地开发和运用工具和技术的做法是无效的和徒劳的。

③任何工具和技术脱离应用的培训都是难以或不可能收到实效的。培训是传授、掌握和运用这些工具和方法的必要手段，组织的所有成员都应接受质量改进的工具和技术的应用培训。质量改进的支持工具和技术应为组织全体成员所掌握和运用，然而员工的技术水平不一，要使他们能够实际有效地掌握和应用，就必须根据具体的应用要求对他们进行相应的培训。但培训不应空洞、不着边际或只走形式主义，而应是有实际的、具体的应用目的。

④质量改进的工具和技术的运用应是有选择性的。不同的工具和技术有不同的作用，因而对于质量改进过程中的不同步骤应适当地选择和运用（见表9-3）。

表9-3　不同工具和技术的作用不同

步　骤	适用的工具和技术
明确问题	分层图、控制图、树图、头脑风暴法、分层图、水平对比法、直方图
调查原因	调查表、流程图、因果图、散布图
分析问题原因	排列图、因果图、散布图
采取措施	流程图、因果图、分层图、头脑风暴法、树图
确认效果	排列图、控制图、直方图
巩固质量改进成果	直方图、控制图
总结遗留问题	调查表

播种行动，收获习惯；播种习惯，收获性格；播种性格，收获命运。

质量是企业的生命，改进是企业发展的原动力和永恒的目标。持续开展质量改进，坚持遵循科学的改进程序，运用有效的管理工具与方法，你定可取得稳定的改进成果。

笔者箴言
　　正确选择与使用质量改进工具及技术是企业良性推动质量改进的基础。只有选择一种大家都可以操作且不失功效的工具与技术，质量改进才能有效落地。

思考题：

1. 质量改进的工具和技术有哪些？

2. 使用质量改进的工具和技术时需要注意哪些问题？

3. 质量改进的第三个步骤需要哪些工具和技术？

第十章 用方法说话
——推行"六西格玛"管理法

本章提要:

▶ 什么是"六西格玛"

▶ "六西格玛"方法相比传统方法有何优点

▶ "六西格玛"方法的推行

▶ 什么是"六西格玛"项目方案

▶ 推行"六西格玛"方法的步骤

如果你是一个重责任、善思考、谋发展、抓品质的生产管理者,我相信你感兴趣的不仅仅是"六西格玛",你会对美国人如何在质量领域从学习日本的做法到消化吸收、不断创新、形成具有美国特色的"六西格玛"管理更感兴趣。

一、"六西格玛"概述

如果说摩托罗拉公司对消费者的最大贡献是其生产的高质量手机的话,那么其对世界的一个更长远贡献不是手机而是某种古板的东西——"六西格玛"管理。虽然那些因为手机而了解这家公司的人一定会感到惊讶,但这的确是不可磨灭的事实。

通用电气公司首席执行官韦尔奇曾说过:"摩托罗拉、惠普科技、德州仪器和施乐公司并没有足够的资本与我们抗衡,而它们的竞争力来自于它们的产品品质。"

从 20 世纪 70 年代到 80 年代，摩托罗拉公司与日本企业之间展开了激烈的竞争。由于摩托罗拉存在管理上的问题，一个日本企业顺利并购了摩托罗拉的电视机生产公司。但残酷的市场争夺并未到此停止，1985 年，摩托罗拉又失掉了 BP 机和半导体的市场，整个公司彻底跌落到了倒闭的边缘。

然而，在市场竞争中，摩托罗拉公司高层终于接受了"我们的质量很臭"的结论。于是，摩托罗拉在被尊称为"'六西格玛'教父"——现为美国 SBTI 公司 CEO 的史蒂夫·金克拉夫博士的领导下，开始了"六西格玛"质量之路。

1986 年，一位名叫比尔·史密斯的工程师向当时的首席执行官罗伯特·高尔文兜售一项计划，即力争制造在当时无错率为 99.9997% 的完美产品，从而才有了在 1998 年和 2003 年两度获得美国鲍德理奇国家质量管理奖的摩托罗拉，并且"六西格玛"至今仍然在摩托罗拉发挥着积极的作用。

那么，"六西格玛"是什么呢？简单说，"六西格玛"管理是 20 世纪 80 年代中期由美国摩托罗拉公司创立的一种质量改进方法，是通过过程的持续改进、追求卓越质量、提高顾客满意度、降低成本的一种突破性质量改进方法论。这一方法在通用电气联合信号、摩托罗拉等世界级企业中得到了成功的应用，取得了令人瞩目的成就。

韦尔奇曾指出："'六西格玛'管理受到了人们的广泛关注，越来越多的组织开始了'六西格玛'管理的实践，它是通用从来没有经历过的最重要的发展战略。"

"六西格玛"管理主要根据组织追求卓越领先目标，针对重点管理项目自上而下进行管理变革和改进活动，通过系统地、集成地采用质量改进流程，实现无缺陷的过程设计，并对现有过程进行过程定义、测量、分析、改进、控制，消除过程缺陷和无价值作业，从而提高质量和服务、降低成本、缩短运转周期，达到客户完全满意，增强企业竞争力，以减少波动、不断创新，使质量缺陷达到或逼近百万分之三点四的质量水平。实现企业与客户双丰收——对企业而言，是以尽可能小的成本和尽可能短的周期实现尽可能大的利润；对顾客而言，则是以最可接受的价格及时获得满意的产品。

20 世纪 90 年代，在弗吉尼亚夏洛特城举行的通用电气公司的年会上，韦尔奇说："在通用电气的进展过程中，我们有一项重大科技含量的品管任务，这项品管任务会在 4 年内将我们的生产方式引至一个卓越的层次，使我们无论是在产品制造还是在服务方面的缺陷或瑕疵都低于百万分之四。这是我们通用电气前所未有的大挑战，同时也是最具潜力和最有益处的一次出击。"

一个企业成长的过程，其实就是通过管理不断地提高劳动生产率、控制成本和改进组织效率的过程。

在"六西格玛"问世 20 多年之后它已经成为企业的宠儿，而且这一缜密且注重条理的流程管理系统已经渗透到了从人力资源到市场营销的各个职能部门以及从制造业到金融业的各行各业。

然而，事实却让人感到心痛，"六西格玛"质量水平更多的是成了企业追求完美的一个象征，目前世界上真正实现了"六西格玛"质量管理的企业并不多。

因为"六西格玛"是在全面质量管理基础上发展起来的一种有效的管理方法、一种统计评估法。它不是为了提高质量而提高质量，而是把人的力量、流程的力量和技术方法的力量"三流合一"紧密结合，从而指导企业"选出正确的人选"，采用"正确的方法"来做"正确的事"。

"六西格玛"是一个目标，"西格玛"是希腊文的一个字母，在统计学上用来表示标准偏差值，用以描述总体中的个体离均值的偏离程度。测量出的西格玛表征着诸如单位缺陷、百万缺陷或错误的概率性，西格玛值越大，缺陷或错误就越少。"六"则来自不超过理想值 6 个标准离差的目标，也就是说，"六西格玛"意味的是所有的过程和结果中，99.99966% 是无缺陷的，即如果生产 100 万件产品，其中只有 3.4 件是不合格的，这几乎趋近人类能够达到的最为完美的境界。

西格玛水平具体可以表示为：

1 个西格玛 = 690000 失误/百万机会，即意味着每天有 2/3 的事情做错的企业将濒临倒闭。

2 个西格玛 = 308000 失误/百万机会，即意味着企业资源每天都有 1/3 的浪费。

3 个西格玛 = 66800 失误/百万机会，即意味着企业严重缺乏竞争力，而且管理水平一般。

4 个西格玛 = 6210 失误/百万机会，即意味着企业具备较好的管理和运营能力，而且客户的满意程度很高。

5 个西格玛 = 230 失误/百万机会，即意味着企业具有优秀的管理、很强的竞争力和比较忠诚的客户。

6 个西格玛 = 3.4 失误/百万机会，即意味着企业具有卓越的管理、强大的竞争力和非常忠诚的客户。

实际上，"六西格玛"管理始终围绕着质量做"文章"，通过提高质量来满足顾客需求，保证企业稳定市场占有率甚至增加市场份额，但又彻底打破了传统的"提高质量就意味着增加成本"的老观念。

韦尔奇曾说："我们推翻了老、旧的品管组织，因为它们已经过时了。现代的品管属于领导者，属于经理人员，也属于员工——每一位公司成员的工作。我们要改变我们的竞争能力，所依靠的是将自己的品质提升至一个全新的境界。我们要使自己的品质令消费者觉得极为特殊而有价值，并且对他们来说是相当重要的成功因素。"

当然，"六西格玛"管理还有更重要的作用，以 DMAIC 为最高核心，即"定义、度量、分析、改进和控制"，改变企业的文化，注入创新的"基因"，使企业持续保持活力。

北电公司的"六西格玛"负责人乔尔·哈克尼曾说过："关键是要利用'六西格玛'思维来剔除业务流程中的多余步骤，如果车间的效率更高的话，那么工人会有更多的时间用于创新。"

简而言之，是在提高顾客满意程度的同时降低经营成本和周期，通过提高组织核心过程的运作质量，进而提高企业盈利能力的管理方式。

显而易见，这是一种多么诱人的质量管理方式，不仅为企业提供了竞争力水平对比的平台，而且更是一种组织业绩突破性改进的方法，一种组织成长与人才培养的策略，一种更为科学的管理理念和追求卓越的价值观。

笔者箴言　　"六西格玛"被企业重视并依据实情加以落实是企业的幸运，否则，企业只能将其束之高阁。

思考题：

1. 什么是"六西格玛"？

2. 5 个西格玛意味着什么？

3. "六西格玛"管理法对企业有何作用？

二、"六西格玛"方法与传统方法有何不同

如果让你微笑一百万次，你能保证至少其中的 3.4 次不会让人误解为你在哭吗？

如果让你用手去清点一百万张百元大钞，你能保证最后的结果在正负 340 元钱之内吗？

如果让你生产一百万件产品，你能保证不出现缺陷的产品不多于 3.4 件吗？

而"六西格玛"就是一种以质量改进为支撑的业务战略。它采用统计方法，通过解决问题工具和预防问题工具来消除和防止在过程、产品、服务、文件及决策中发生的缺陷，并实现 99.9997% 的完美质量水平。

Bain 公司于 2006 年 1 月进行的一项调查显示，大约有 35% 的美国公司都在采用某种"六西格玛"流程管理系统。

为什么同样是全球公认的质量管理体系——"六西格玛"和"ISO9000"，而"六西格玛"却能够青出于蓝而胜于蓝呢？

ISO9000、ISO9000 衍生标准及其全面质量管理 TQM 虽然比 ISO9000 标准更能给企业提供一个基本的质量保证系统，是国际标准组织建立的国际标准，并且规定了使用本标准的企业如何建立以顾客为焦点的内部系统，满足顾客需求，从而增加企业收益等，但这些标准对于持续改善只给出了原则和要求，并没有告诉我们怎么做，而"六西格玛"是一种持续性和突破性改善的方法，是一个已被证实可有效地降低、改善成本的方法，它不仅告诉了我们如何倡导持续改善产品质量，如何形成持续改善文化，而且还告诉了我们如何进行持续改善，持续改善能够给企业带来什么好处。

"六西格玛"与 ISO9000 和 TQM 之间最大的区别是：

①"六西格玛"以顾客为中心，比以往更具广泛的业绩改进视角，即以顾客的标准为规格，强调从顾客的关键要求以及企业的经营战略焦点出发，寻求业绩突破的机会，来满足顾客的要求，为顾客和企业创造更大的价值。

②"六西格玛"注重量化的综合管理，强调对业绩和过程的度量，通过对数据的收集、分析，提出具有挑战性的目标并搭建起水平对比的平台。

③在"六西格玛"管理体系里，对企业流程的强烈关注，主要是针对不同的目的与应用领域，为企业提供业绩改进的方法，根据顾客的需求及时调整产品。这种专业化的改进过程包括："六西格玛"产品或服务过程改进 DMAIC 流程，"六西格玛"设计 DFSS 流程等。

④"六西格玛"在实施上主要由"冠军"、"大黑带 MBB"、"黑带 BB"和"绿带 GB"等经过培训、职责明确的人员作为组织保障。

⑤"六西格玛"管理体系会影响到企业文化，组织文化的变革是其重要的组成部分，而且主要通过确定和实施"六西格玛"项目来完成过程改进项目（每一个项目的完成时间在 3~6 个月）。

⑥由于中国的企业家一向很注重感性的认识，对实体的理解比较深入，而缺少理性的关注，因此"六西格玛"非常明确地规定了成功的标准、度量的方法和对项目完成人员的奖励。

21 世纪是质量世纪，通过质量创造价值已经成为了企业的核心，而"六西格玛"管理就是在提高顾客满意度的同时降低经营成本并缩短经营周期的过程革新方法，它是通过提高组织核心过程的运行质量，进而提升企业盈利能力的管理方式，也是在新经济环境下企业获得竞争力和持续发展能力的经营策略。

虽然，我国引进西方的质量管理思想、方法和工具的时间不长，尤其是"六西格玛"，但其理念和成功实践，已经证明了它是一种获得和保持企业在经营上的成功并且将其经营业绩最大化的综合管理体系和发展战略，是一种有活力的质量的改进方法，并受到了我国企业的普遍关注。

今天，许多企业以世界级顾客的质量要求为目标，针对自身文化和过程变更建立起过程管理纲要。在实际应用中，"六西格玛"已经成为其中最强大的一员，因为它不仅仅是单纯的技术方法的引用，而且是全新的管理模式。

笔者箴言 　　每一种管理方法都有其自身的优势，"六西格玛"的实质就是以客户为中心，让产品质量改进一切都以客户为出发点。

思考题：

1. "六西格玛"属于国际质量管理体系吗？

2. "六西格玛"管理法与传统方法有何不同？

三、推行"六西格玛"管理法的关键

"六西格玛"的推崇者波多斯基曾强调说："在过去 20 年以及现在这样一个盛行精彩创意的年代，我们见证了很多公司确实从'六西格玛'中受益，但是，'六西格玛'的成功只能源于一种既欢迎创造性思维、注重条理性思维，又能使二者共同发展的企业文化。"

通常，一个企业要做大、做强，然后要保持长久的活力和竞争力，这都离不开开放的思想和海纳百川的精神。

自我国加入 WTO 后，国内的企业便开始了弱肉强食的追逐游戏，要么是"羊"，要么是"狼"，要么是"狼狼合作"，即使是推行"六西格玛"，也必须要求思想的无边界性，即要求开放。

案例

"六西格玛"为格力品质保驾护航

我们都知道格力为了在产品质量上有所提高，曾在 ERP 系统上下过很大功夫，请了咨询公司，做了几百万元的预算，但在实际进行过程中却越滚越大，预算达近千万元时还看不到效果。

当时，作为格力电器的质量副总——黄辉在美国同当地企业家的商务会谈中接触到"六西格玛"管理，他发现业界在质量控制和研发方面，已经开始运用"六西格玛"语言，于是在总结经验教训的时候说，与其让咨询公司适应格力，还不如让格力来学习"六西格玛"。

2001 年，"六西格玛"开始由跨国公司推进到在中国的子公司，并且由黄辉开始着手研究，发现它能在制造业发挥强大的威力，便迅速萌发了在格力推行"六西格玛"管理的想法。在他的全力支持下，一个由 4 名本科毕业不久的员工组成的"六西格玛"推行小组，在 3 年中完成了摸索的阶段。

2002 年 2 月，一个"六西格玛"管理实施规划被迅速制定出来。当年 3 月，当时实际上组建了一个近 30 人的兼职团队，即在领导层面上，组成了由董事长朱江洪和总经理董明珠分别担任正副主任，黄辉等其他副总担任领导小组成员的"六西格玛"指导委员会，而且格力准备把这 30 个人培训成第一代种子。

同时，在此基础上，设立了由黄辉和全面管理办公室主任谢剑钢担任正副组长的工作领导小组及"六西格玛"推行办公室，并确定了准备首先实施的 60 个"六西格玛"黑带项目。

2003 年初，4 人小组向管理层汇报了全年计划：从培训、项目实施、制度体系化和宣传四个方面来展开新的推进。在培训方面，让中高层参与，目的在于使之明确自己在"六西格玛"工程中的位置，这是推动"六西格玛"实施成功的关键。到当年 8 月，4 人小组完成了对中高层 80 多人为期一个月的培训并进行了考试。

在黑带学员培训方面，通过对上年培训总结出的经验，必须围绕着项目来开展，同时展开部门内部黑带对绿带的培训，进行"六西格玛"的普及教育。

在取得初步成效之后，各个项目进入收益持续增长的阶段，格力放大了推行"六西格玛"的进程，即继续在各部门推进黑带项目；各部门普及绿带项目；"六西格玛"项目和其他质量改进项目同步分开进行。

由于格力抓住了推行"六西格玛"的关键，其中最大的"样机发放合理性"黑带项目已经完成，不但实现了对全国样机发送终端的监控，而且之前需要一个月发放新的样机周期，现在即使发放到最偏远的乡镇也只需要 7 天的时间，甚至为企业带来的财务回报在 200 万元以上。

通过上述案例我们可以看出，越来越多的中国优秀企业已经引入"六西格玛"管理，而且绝大多数财富 500 强的制造型企业都在使用"六西格玛"，如春兰、海南航空、中远集团、澳柯玛、上海烟草等正在实施或即将实施"六西格玛"项目。

从一定程度上说，"六西格玛"管理法正在改变世界上最成功的企业。"六西格玛"管理以其严谨的方法和实施步骤，不但为这些企业节省了数十亿美元，而且以面向最终用户建立起营运体系的管理思想，迅速提高了公司对市场的反应速度，巩固日益变化的客户关系。

然而，对于中国企业实施质量经营的管理理念而言，在导入"六西格玛"时仍然需要诸多要素的配合，如高层思想的转变、企业的财政状况、企业文化的选择、发展战略的选择及成本等。

因此，企业成功推行"六西格玛"管理法的关键在于：

①高层思想的转变，企业领导的重视、理解、确信和推进。中国企业复杂的生存环境使企业领导的态度尤其重要，成功推行"六西格玛"的公司在总结经验时无一例外地提到：最高领导人的支持是"六西格玛"成功的关键。如 Motorola、GE、三星、德尔福等公司均是如此，美国通用电气在刚导入"六西格玛"的时候遭到了非常强烈的反对，但后来获得了高层的强硬推行，从而造就了今天一直保持两位数增长的美国通用公司。

②培训一支骨干队伍，保证员工的整体素质。实行"六西格玛"可能要对原有的公司文化进行冲击，如绿带、黑带的培训等，因此"六西格玛"要求员工必须全面参与，树立全局意识，要充分考虑企业的财政状况，从业务运转的整个流程来分析问题，要求有资金保证实行"六西格玛"，最好运用"六西格玛"试验一个项目，看能不能带来收益。

③以数据为基础，应用统计技术面向顾客，建立信息化平台。我国向来缺乏用数据管理的能力，而"六西格玛"管理的基础是具备完整的数据，包括对数据的收集、分析和利用，不但必须由精通统计理论的人把统计技术转化为解决顾客问题的工具，而且需要由不同层次的人掌握各种工具，从而建立信息化平台。

④强调方法，选择企业发展战略。发展战略是在整个企业范围内实行的再造工程，是全方位的业务改革。如果企业的发展战略错误，大方向错误，那么不管怎么导入"六西格玛"都是极坏的后果。但不同企业变革的风险也是不同的，必须从具体的专案入手，以现有的工作为学习平台，先熟悉"六西格玛"的运作，然后再循序渐进地向公司的各个业务部门推广，如通用电气、福特汽车采用业务变革的方式；而强生、SUN 则采取了战略改进的模式。

虽然"六西格玛"是新诞生的一种理论，但越来越多的企业开始使用这种先进的质量改进方法，尤其是被生产制造业广泛运用于改善产品的质量。

笔者箴言 看到了其他企业引进"六西格玛"取得效益，但别人付出了怎样的艰辛很难看到。所以将该方法引进自己的企业必须从高层到基层形成一个专项实施小组，否则很难使"六西格玛"的效果达到预期。

思考题：

1. 格力为什么会获得成功？

2. 推行"六西格玛"管理法的关键是什么？

四、如何制作与选择"六西格玛"项目方案

近几年来，随着经济增长速度的不断加大，众多中国企业雄心勃勃地宣称：要打造百年企业，冲进世界 500 强。既然胃口如此之大，并且把目标瞄准了世界 500 强，那么中国企业就应该首先认识到我们的差距在哪里。

管理大师彼得·德鲁克曾经说过这样一句话：经营者就像 15 岁的少女一样对流行特别敏感，也就是说如果发现别的公司采用新的经营革新方法，也想应用在自己的公司。

然而，"六西格玛"管理是通过有组织有计划地实施"六西格玛"项目而实现其经济效益的，不是追逐流行，不是搞运动，而是通过"六西格玛"项目的实施来推进人们观念和行为方式的转变，运动战是导致经营管理不稳定的主要因素之一。

某大型国有集团公司，2006 年决定在全公司范围内导入"六西格玛"管理方法，选择了北京某培训机构实施"六西格玛"黑带培训，当时有 20 名准黑带参加了培训，但是课题进行状况不好，除了极少数课题收到一定效果外，其他课题几乎未开展。

依托质量部门，公司成立了一个推进小组，然而质量部门的领导和推进小组成员并没有系统地接受过"六西格玛"领导力培训，而且准黑带在培训后自身没有课题指导能力，也没有邀请外部的黑带大师（MBB）作课题指导。培训后的准黑带在学习完后就回到了原先的各自工作岗位上，从此远离课题。

将近两年的"六西格玛"推行过程中，领导和推进小组多次更换，虽然这不一定是导致"六西格玛"推行停滞不前的主要原因，但"六西格玛"项目的选择与实施上的偏差却是导致推进力不足的重要因素。

几位重要的黑带眼看英雄无用武之地，便纷纷离职到其他公司去发展，这一次的"六西格玛"推行以失败告终。

事实上，打算实行"六西格玛"的国内企业必须将"六西格玛"项目的选择和实施作为管理中的一个关键环节。因为，"六西格玛"项目的实施不论是在得到实际效益还是在变革企业文化上都有着十分重要的意义，特别是企业在导入"六西格玛"管理的初期，"六西格玛"项目的成功与否还关系到企业是否能以较小的阻力引入这种新的管理模式。

那么，什么是"六西格玛"项目？

朱兰先生将项目（Project）定义为：由一组有起止日期的、相互协调的受控活动组成的独特过程，该过程要达到符合包括时间、成本和资源的约束条件在内的规定要求的目标，即按预定时间解决问题。

根据此定义，我们可以将"六西格玛"项目定义为：由职责明确的团队通过运用"六西格玛"方法，在规定的时间内寻找最佳解决方案并实现预定目标的过程。

通常，如果要制作一个好的"六西格玛"项目应注意以下几点：

①应正确认识和理解建立持续改善机制的作用，了解所解决的问题是从顾客端分解而来的，力求使顾客达到最大的满意程度。

②全身心地投入到"六西格玛"项目中，支持企业战略目标的实现和企业的发展重点，在规范、统一、整合、提升的过程中使得每个业务、每个部门都有专门的组织和专职人员来负责。同时，每一个"六西格玛"项目都应当与企业发展战略相联结，这将有助于实现企业文化的转变。

③应在企业里面找出一些有潜质的、优秀的员工，成立项目小组，负责在这个企业里面全面地实行"六西格玛"，而且所解决的问题必须是清晰的、可测量的，即必须清晰地定义什么是"缺陷"及其测量方法。

④构筑有效沟通渠道，使项目之间协调一致，并富有挑战性。一般来说，"六西格玛"项目已经启动，公司员工也已接受培训之后，不计其数的项目方案将被提出，每个"六西格玛"项目都要将"缺陷"降低70%~80%，公司必须致力于建立一个内部的沟通流程，对"六西格玛"项目的进展情况、项目的实施经验和成果进行沟通，使项目之间协调一致，并富有挑战性。

⑤制定培训计划，使项目范围清晰、适当。通常根据不同的业务目标和业务需求，培训的方式也不尽相同，每个项目都有一个明确的要解决的问题，而不是多个问题。每个问题的范围适当，可在4~6个月的时间内完成，而且不存在一种

可以适合所有的业务需求的培训方式。

在许多情况下，一个问题的改善会涉及若干方面。如果能够正确选择"六西格玛"项目，不仅可以在 4~6 个月的时间内将问题解决，有助于项目的成功实施，并且可以保持实施的动力。

因此，我们可以根据企业战略实施的关键点，目标展开的问题点，顾客关注或投诉的热点，统计数据的异常点，部门间的矛盾点，长期困扰企业的难点，财务效益的增长点，与竞争对手比较的薄弱点以及有意义、有价值、可管理的原则对"六西格玛"项目进行选择。

"六西格玛"作为一种管理哲学，是通过一系列"六西格玛"设计或"六西格玛"改进项目实现的，旨在让企业建立这样一种文化，即"零缺陷"是可能的。

笔者箴言　　建立"六西格玛"项目是落实该管理方法最基本也是其执行的关键所在，即"六西格玛"能否让企业得到所期望的效益全在于此。

思考题：

1. 什么是"六西格玛"项目？

2. 如何制作"六西格玛"项目？

3. 如何选择"六西格玛"项目？

五、推行"六西格玛"管理法的步骤

"六西格玛"的推行有点像播种，在企业的战略运用中可能会出现一个低潮，即春撒一粒籽，不见得入秋就能收获一颗粟，效果似乎不是十分明显，但只要温度适宜，总有一天种子会破土发芽——细微变化就在员工的日常行为中，而且企业的关注点开始从最重视质量逐渐转向市场和管理，像变魔术似的。

韦尔奇曾说过："在通用电气的进展过程中，我们有一项科技含量很高的品管任务，这项品管任务会在长达 4 年的时间内将我们的生产方式引至一个卓越的层次，使我们无论是在产品制造方面还是在服务方面的缺陷或瑕疵都会低于百万分之四。这是我们通用电气前所未有的大挑战，同时也是最具潜力和最有益处的一次出击。"

其实，"六西格玛"是企业的一种业务推进方法而非质量方案。"六西格玛"所有活动的核心是黑带，相当于项目的领导者，其团队成员由与该"六西格玛"项目有关的各职能部门的代表组成，是执行"六西格玛"项目的全职人员。

某大型民营集团公司，在公司总经理的影响下，一直在倡导建立一个学习型的组织，经常选派优秀的干部和骨干员工外出学习，在公司内部也经常举办各种管理知识和应用技术培训班，有一些管理课程甚至是由老总亲自授课。

2005年，公司选派了质量部的三位干部远赴上海参加"六西格玛"的黑带培训，回来后计划在全公司范围内推行"六西格玛"。

2006年，邀请一家咨询公司实施"六西格玛"黑带培训。咨询公司介入后，首先帮助企业从60名候选人中选择了20名黑带培养对象，在为期4个月的培训中，20个准黑带带着20个课题，边接受培训边进行课题，每次培训的第一天都安排一次课题指导，培训结束时，多数课题取得了很好的成果。

然而，非常遗憾的是，高层领导者还是把"六西格玛"的推行当成了为少数有发展潜力的职员提供一次学习和个人能力提升的机会，而没有将它当成一项经营战略来看待，没有设立一个有效的组织来推动"六西格玛"活动，也几乎没有任何激励措施，回到原先各自岗位的准黑带没有时间来做课题。

10个月后，有一半黑带离开了公司，"六西格玛"在这家公司从此销声匿迹。

实际上，"六西格玛"早已超出了传统意义上的质量管理体系，不仅与制造过程相联系，而且与服务过程乃至组织内部所有过程都有联系。

它已成为了我们开展业务的方法，强调以顾客为关注焦点，并将持续改进与顾客满意以及企业经营目标紧密地联系起来，已经改变了我们固有的思维，教会了我们重新思考的方法。

它强调依据数据进行管理，并充分运用定量分析和统计思想去分析目标，找到每个子目标及其客户需求，找到每一个可能面对的困难，分析有针对性的解决方案，量化从现状到目标实现的方法和时间等。

然而，绝大多数企业都在3个和4个西格玛水平之间徘徊，这就意味着每100万个机会中它们会犯6000~67000个错误。这样算来，一个以3.8西格玛的水平来运作的公司将保持99%的正确率。

在大多数人看来，可能对这个数据已经感到满足了。但事实上，这个数据意味着每个小时将失去两万个顾客，或是每周出现5000起糟糕透顶的交通案例，或是在主要的火车站每天发生 4 起意外事故！

简而言之，"六西格玛"的标准意味着"零缺陷"，而不是达到 99% 的正确率就可以万事大吉了。"六西格玛"标准的目标是每 100 万件产品中仅仅会有 3~4 件产品出现缺陷，即每次要达到 99.99966% 的正确率！

"六西格玛"是每个企业追求的目标，但我们首先要制定标准，在管理中随时跟踪考核操作与标准的偏差，不断改进，最终才能达到目标。

因此，我们可以用简单的流程模式将推行"六西格玛"管理法的步骤表示为（见图 10-1）：

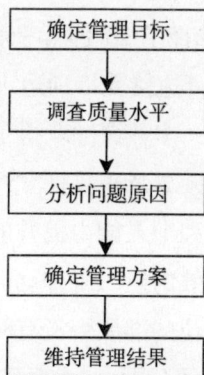

```
┌─────────────────┐
│   确定管理目标   │
└─────────────────┘
         │
         ▼
┌─────────────────┐
│   调查质量水平   │
└─────────────────┘
         │
         ▼
┌─────────────────┐
│   分析问题原因   │
└─────────────────┘
         │
         ▼
┌─────────────────┐
│   确定管理方案   │
└─────────────────┘
         │
         ▼
┌─────────────────┐
│   维持管理结果   │
└─────────────────┘
```

图 10-1　"六西格玛"管理法的步骤

①确定企业管理的目标及其进度，策略目标主要是提高制造部门的生产量、减少次品和提高效率。同时，需要辨析并绘制出流程。

②调查企业目前的质量水平，可通过灵活有效的衡量标准测量和权衡现存的系统与数据。

③分析引起质量问题的主要原因，利用统计学工具对整个系统进行分析，找到影响质量的少数几个关键因素。

④运用项目管理和其他管理工具，针对引起质量问题的关键因素确立最佳质量管理方案。

⑤通过监控新的企业质量管理系统，采取相关措施以维持所取得的结果，以期使整个系统充分发挥功效。

简而言之，"六西格玛"作为一套非常严密的业务过程系统，是企业获得竞争优势和经营成功的金钥匙，也可以说是集所有先进质量管理手段于一身，通过仔细的数据收集和统计分析来识别错误根源，然后寻求方法来消除引发问题的根源。

今天，越来越多的企业加入了"六西格玛"实践者的行列，然而在当今的市场环境中，任何一种产品要长期维持它的垄断地位是非常困难的，在已经实施"六西格玛"管理并获得成功的企业名单上，我们可以发现摩托罗拉、联信、美国快递、杜邦、福特这样的世界巨人，也许这其中就有你我现在的或将来的竞争对手。

笔者箴言　按照"六西格玛"的推行步骤推动质量管理，是很多企业都想做的事情，能否遵循"六西格玛"管理法的执行步骤是关键。

思考题：

1. 推行"六西格玛"管理法会很快看到效果吗？

2. 推行"六西格玛"的步骤是什么？

篇后小结

第八章	投诉危害知多少	投诉是企业面临的问题也是机遇；推诿投诉就会致使问题如山，而发现问题所在就是企业成长的机遇所在
	外部客户投诉是机遇	产品到了消费者手中并不是最后一道手续，恰恰是新的开始——考验企业产品质量的开始，所以正确对待外部客户的投诉，是企业能否进一步提升的契机
	内部客户投诉需谨慎	对于产品的每一道工序的生产者而言，产品在哪里存在问题，这个问题会影响产品哪些性能，他们最有发言权，所以，内部客户的投诉及改善建议也需要管理者认真对待
	后工序"失意"是自杀	生产不再是一个人单打独斗的事情，而是需要很多技术不同的人员组织在一起共同完成；但是这种协作式的工作方式，需要做到一点：责任对责任，即每一道工序之间都必须责任到人，让产品的质量责任由始至终
第九章	质量改进概述	对产品实施质量改进主要是为了延长产品的生命周期，同时也是为了让产品的竞争力得到提升
	质量改进的理论模式	为产品实施质量改进，是企业发展中不可或缺的重要管理手段，因而选择何种质量改进模式，也需要企业慎重对待
	质量改进对象	明确质量改进的对象，才能确定选择何种改进模式，这样才能有的放矢，真正让产品质量得到提升
	质量改进目标的选择方法	使用正确的方法确定质量改进目标是管理者必须拥有的管理能力，否则，质量改进只能是一句空话
	质量改进的组织与推进	顺利推进质量改进是企业管理层及执行层都在思考的问题；事实上，很多企业之所以没有将质量改进落实到位，关键在于质量改进的组织体系建立得不到位
	质量改进的实施程序	从发展的角度而言，质量改进是企业发展中不可或缺的重要环节，但是如何把控好这一环节，需要企业上下人员共同努力，并要严格遵循质量改进实施的程序
	质量改进的工具和技术	合理的改进工具及技术可有效推进质量改进的速度与成效，因而如何在有限的时间内选择正确的工具与技术是管理者质量管理工作的重点

第十章	"六西格玛"概述	正确了解"六西格玛"的实质，才能在工作中将其精髓运用得恰到好处
	"六西格玛"方法与传统方法有何不同	所有方法的选用都要以企业实际情况及市场竞争为依据，现在的市场竞争就是客户竞争，只有符合客户需求的优质产品才能在市场上占据一定份额，否则只能在如潮的产品中被湮没
	推行"六西格玛"管理法的关键	最好的方法都是随着竞争而产生的，"六西格玛"也不例外；企业只有不断进行自我更新、自我否定，以更开阔的视野来施行管理，才能将"六西格玛"的精髓运用到管理中
	如何制作与选择"六西格玛"项目方案	发现好的项目方案需要一个优秀的组织来执行，否则再好的管理方案都无法实现管理者的目标期望值
	推行"六西格玛"管理法的步骤	"六西格玛"的业务过程非常严谨，并不是企业想用就可用到的简单工具，因而管理者务必要严格按照"六西格玛"的推行步骤一步一个脚印地执行

附录 质量管理的相关工具表单

一、产品质量管理表

编号：　　　　　　　　　　　　　　　　　　　　日期：

管理类别	管理材料成品或设备	管理项目	管理图种类	质量管理报表	抽样方法

二、原料进厂检验报告表

制表日期：　　年　月　日

物料名称			物料编号		采购单号	
交货数量						

	检验项目	抽样数	不良数	合格与否	备注	检验员
检验记录						
检验结果	□ 接收 □ 退货 □ 检验不良品以良品补足后验收 □ 接收，减扣货款					

制表人：

三、材料检验报告表

制表日期：　　年　月　日

材料名称		材料规格		采购日期	
采购单位		检验员		数量	

	检验项目	检验标准	检验结果	合格	不合格	备注	
检验记录							总评 □合格 □不合格

续表

厂长	质量检验主管	科长	检验员		仓库验收记录	验收数量： □足 □溢交 □短缺

制表人：

四、零件检验报告表

制表日期：　　　年　　月　　日

编号：

采购单编号				供应商				
零件名称				料号		点收数量		抽样数
存放仓库				适用批号		产品名称		

编号	各检验项目检验记录						合格		备注
							是	否	

检验结果	□合格 □不合格			处理方式			审核	检验者

填表人：

五、供应商品质量记录表

制表日期：　　年　月　日

供应商						交易情况						A类不良		B类不良		C类不良		退货记录	备注
验收日期		采购单号	物品名称	数量	交货批数	检验批数	检验批数	每批抽检率	总抽检率	平均质量水平									
月	日																		

制表人：

六、进料验收单

编号：

物料名称		订购数量		实收数量	
订单号码		进料时间		发票号码	
供方名称				规格型号	
检验项目	质量要求	检验状况		数量	判定（合格/不合格）
抽样数量		不良数		不良率	
检验结果判定	严重		一般		轻微
处理方式	允收（　　） 拒收（　　） 全检（　　） 让步接收（　　）				

备注：

检验员/日期		主管/日期		品控人员	

七、进厂物料检验日报表

编号：   日期：

验收单号	物料名称	点收数量	抽验数量	不及格记录	供应额	合格	
						是	否
1							
2							
3							
4							
5							
6							
7							
8							
9							
10							
11							
12							
13							
14							
15							
16							
17							
18							
19							
20							
21							
22							
23							
24							
25							
26							
27							
28							

审核：   填表：

八、培训效果评估表

部门： Dept：		姓名： Name：		工号： Code：		
日期： Date：		课程： Course：		学时： Hours：		
评估项目	学员自我评估 ①课程内容与工作的相关度 ②个人在培训中的收获	5 5	4 4	3 3	2 2	1 1
	直接领导评估 ①培训后工作效率的提高 ②目标完成质量提高 ③新工具/新方法的使用 ④管理水平的提高 ⑤个人素质的提高	5 5 5 5 5	4 4 4 4 4	3 3 3 3 3	2 2 2 2 2	1 1 1 1 1
	授课讲师评估 ①积极学习精神 ②知识接受能力 ③培训笔试成绩	5 5 5	4 4 4	3 3 3	2 2 2	1 1 1
评估人						
实际总得分：			被评估人签字：			

说明：
①学员直接领导在此项培训结束____个月后，对学员进行评估
②评估合计得分作为培训成绩记入个人培训档案
③讲师对学员的评估与人事科共同进行

九、5S 推广活动表

推 广 活 动	内 容	次 数	目 的

十、5S 训练计划表

培训项目	受训人员	培训日期	培训时间	培训地点	讲师
5S 基本培训课程					
5S 深造培训课程					
5S 审核员培训课程					

填报员：_____   批核员：_____
填报日期：_____   批核日期：_____

十一、5S 行动计划表

步骤	5S工作	负责人	1月	2月	3月	4月	5月	6月	7月	8月	9月	10月	11月	12月

十二、测量监控设备一览表

编号：

序号	设备编号	名称及型号规格	价格	生产厂家	验收日期	放置地点	测量范围	精度	首校日期	校准周期	校准机构	备注
填表人												

十三、检测校准计划

编号：

序号	设备编号	设备名称	使用部门	计划校准日期	校准机构	备注
1						
2						
3						
4						
5						

续表

序号	设备编号	设备名称	使用部门	计划校准日期	校准机构	备注
6						
7						
8						
9						
10						
11						
12						
13						
14						
15						
16						
17						
18						
19						

编制： 批准： 日期：

十四、内校记录表

编号： 序号：

设备名称		型号规格		测量范围	
设备编号		使用部门		精度要求	
校准依据		如果用于生产线上监控，其使用部位			

校准所用设备、精度等级及编号：

校准环境条件（温、湿度等）：

校准记录：

校准结论及有效期：

备注：

校准人： 校准日期： 核验： 日期：

十五、质量信息传递表

编号：

发往单位		问题发生时间、地点	
填报时间		产品名称或代号	
质量问题摘要			
建议和要求			
备注			

填报单位		填报人		负责人	

十六、计量管理导入步骤表

步骤	实施内容	备　　注
1	汇总所有计量器具并列成清单	指定专人
2	分析各测量点，明确精度要求	技术人员
3	确定计量器具校正范围、种类（内校，外校，免校）	
4	制定计量器具管理程序	
5	免校贴标识，另立清单	
6	内校、外校列入清单	"计量器具一览表"
7	编制"履历卡"	
8	编制"校正计划"	
9	联系校正单位并送校	
10	制定内校规程并实施	
11	合格，发放标识	
12	不合格，标识/修理/报废	
13	采取追溯措施	
14	规划下次校验	

十七、操作标准通知单

制表日期：　　年　　月　　日

编号：

通知单位：																			
制造号码																			
产品名称																			
生产数量																			
生产日程																			
操作项目	新订	原订	标准	新订	原订	标准	新订	原订	标准	新订	原订	标准	新订	原订	标准	新订	原订	标准	
操作标准																			

核准：　　　　　审核人：　　　　　制表人：

十八、产品质量抽查记录表

制表日期：　　　年　　月　　日

班别：

抽查时间	1	2	3	4	5	6	7	8	9	10	平均	标准
	时分	时分	时分	时分	时分	时分	时分	时分	时分	时分		
备注												

抽查项目	1	2	3	4	5	6	7	8	9	10	平均	标准
	时分	时分	时分	时分	时分	时分	时分	时分	时分	时分		
备注	主管					抽查员						

十九、不合格产品管理表

制表日期： 年 月 日

制造编号			制程名称		制造日期		月 日 至 月 日	
日期		生产数	不良数	不良原因分析	日期		生产数	不良数	不良原因分析
1	上				17	上			
2	下				18	下			
3	上				19	上			
4	下				20	下			
5	上				21	上			
6	下				22	下			
7	上				23	上			
8	下				24	下			
9	上				25	上			
10	下				26	下			
11	上				27	上			
12	下				28	下			
13	上				29	上			
14	下				30	下			
15	上				31	上			
16	下								
					合计				不良率：

二十、生产过程质量管理表

制表日期：　　　年　　月　　日

产品名称规格							工作单位		
品质特性		规格	最大				机器编号		
抽样方法			最小				工作者		
检查方法			测定者				预定制造期间		

日期	抽样数	测定值					平均 X	全矩 R		测定值					平均 X	全矩 R
		1	2	3	4	5				1	2	3	4	5		
	1								8							
	2								9							
	3								10							
	4								11							
	5								12							
	6								13							
	7								14							
计算式															合计	
															平均	

制表人：　　　　　　　　制表日期：　　　年　　月　　日

注：质量管理流程：

①质保部根据公司总体的质量政策策划质量管理制度和年度管理目标；并通过信息的收集和分析开展日常质量管理活动并进行专案的完善和设计。

②根据产品标准和相关质量制度总的要求，组织相关部门进行质量信息的接收和输出。

③协调总部相关职能部门，如研发、企划、人事等，进行产品设计完善、品保岗位设计的修订和品管工作的检查评比等。

④通过制度约束和检查评比，评价各项质量管理活动，以满足顾客需求。

二十一、产品质量异常通知单

制表日期：　　　年　　月　　日

通知单位：

车间	产品规格	抽样数	不良数	不良原因	发现时间及处理方式
备注					

主管：　　　　　　　　　　　　　　制表人：

二十二、生产过程管理表

制表日期： 年 月 日

制造号码				产品名称			
生产数量				品级			

制造测试过程	制造日期		制造测试数量		标准	负责人
	自	至				
			产出			
			良品数			
			进量			
			不良			
			进量			
			不良			
			进量			
			不良			
			进量			
			不良			
			抽样			
			不良			
			进量			
			不良			
备注						

主管： 制表人：

二十三、不良率分析表

制表日期：　　年　　月　　日

品名							件数			
日期	操作者	型式	检验项目	入厂数加工数	检验数	不良数	不良百分率	缺点数	缺点百分率	不良说明及处理

主管：　　　　　　　　　　　　　　经办人：

注：不良率是重大的恶性浪费，生产时要充分认识导致不良出现的原因，从而加以避免。原因主要包括两大类：以人而言，作业人员和管理阶层对品质管理的错误观念是主要原因；以物而言，采购质次的原材料，加工设备不维护，没有标准作业规范和检验规范等是主要原因。

二十四、品质因素变动表

制表日期：　　　年　　月　　　日

产品名称					规格				因素项目							
项次	细目	控制标准	现状	差异	变动记事				变动结果	变动因素						
					日期	项次	变动单位	内容		A	B	C	D	E	F	G

制表人：

注：变动因素主要包括以下方面：
①制造条件。
②控制标准修订。
③操作标准改善。
④设备改善。
⑤原材料改善。
⑥技术性。
⑦作业水平。

二十五、试验委托单

制表日期：　　年　　月　　日

委托单位		承样点及样品名称	
委托日期	年　月　日　时		
试验报号单编号		品名	
检字节　　号		数目	
试验项目	试验原因	试验目的（并详述试验条件）	
备注			
检验科		委托单位	委托人

制表人：　　　　　　　　　　制表日期：　　年　　月　　日

二十六、检验通知单

制表日期：　　年　　月　　日

被通知部门			通知时间		
编号（来源）	样品名称	化验项目	标准	化验结果	备注

主管：　　　　　　　　　　检验：

注：检验方式包括测量、感官鉴定、理化卫生检验、上机测试，提供合格证明、文件等方式，按原物料检验相关标准执行。

二十七、试验报告单

制表日期： 年 月 日
报告号码：

样品名称		试验目的	
样品编号		取样人员	
样品来源		收样日期	
委托试验单		报告日期	

试验结果：

备注：

厂长（副）		经理		主管		试验员	

制表人：

二十八、半成品检验记录

编号： 序号：

产品名称		型号规格	
生产单位		进货日期	
生产数量		验证数量	
检验方式			

检验项目	标准要求	检验结果	合格否

检验结论：
　　合格（　　）　　不合格（　　）

检验员： 日期：

不合格产品处置：
　　让步接收（　　）　　返工（　　）　　返修（　　）　　降级（　　）　　报废（　　）

批准： 日期：

二十九、成品检验记录

编号：　　　　　　　　　　　　　　　　　　序号：

产品名称		型号规格	
生产单位		进货日期	
成品数量		验证数量	
检验方式			

检验项目	标准要求	检验结果	合格否

检验结论：
　　　合格（　　）　　　不合格（　　）

　　　　　　　　　　　　　　　　　　检验员：　　　　　　日期：

不合格品处置：
　　　让步接收（　　）　　返工（　　）　　返修（　　）　　降级（　　）　　报废（　　）

　　　　　　　　　　　　　　　　　　批准：　　　　　　　日期：

三十、各部门生产合格率控制表

编号：　　　　　　　　　　　　　　　　　　日期：

制造单号												
产品名称			生产数量			目标合格率	部	部	部	全厂

日期	部			部			部			部		
	产量	合格品	合格率	产量	合格品	合格率	产量	合格品	合格率	产量	合格品	合格率
1												
2												
3												
4												
5												
6												
7												

续表

8										
9										
10										
11										
12										
13										
14										
15										
16										
17										
18										
19										
产出率	100									
	90									
	80									
	70									
	60									
日期：										

三十一、生产过程检验标准表

编号：　　　　　　　　　　　　　　　　　　　　　日期：

产品编号		产品名称		预定日期	
项次	管理点	管理事项说明	管理标准	检验方法	抽样比	不及格处置方式

拟定人：　　　　　　　　　　　　　　审核人：

三十二、产品质量检验表

编号：   日期：

检验项目	产品名称			生产数量					生产日程			月　日至　月　日		
	上限	下限							抽查记录					
	上限	下限	次	时间	1	2	3	4	5	次	时间	1	2	3	4	5	次	时间	1	2	3	4	5

审核人：   质检员：

三十三、产品质量检验标准表

编号：　　　　　　　　　　　　　　　　　　　日期：

产品名称					有效日期			
检验项目	检验方法	检验仪器	抽样数	及格标准			记录表	备注
				A 级	B 级	C 级		

三十四、待出厂产品质量检验

编号：　　　　　　　　　　　　　　　　　　　日期：

机型		客户	
规格		数量	
材料		箱数	
制造号码			

产品检验

序号	检验项目	不合格箱号								合计	备注
1											
2											
3											
4											
5											
6											
7											
8											
9											
10											

续表

11								
12								
13								
14								
15								
16								
17								
18								
19								

检验判定：□准予出货　　　　□产品质量再详细检验　□建议退厂处理
　　　　　□本批于　月　日装运　□等业务部通知装运

三十五、产品质量检验分析表

编号：　　　　　　　　　　　　　　　　　　　日期：

	检验方法及标准				
抽样	全数检验	仪器检验	目视检验	寿命试验	备注

三十六、产品质量异常通知单

通知单位				日期		
制造命令	产品规格	抽样数	不合格数	不合格原因	发生时间及处理方式

三十七、产品质量问题分析表

编号：   日期：

产品名称	赔偿		退货		换货		合计		抱怨件数	客户名称抱怨说明以及备注
	金额	%	金额	%	金额	%	金额	%		
合计										

审核：   制表：

三十八、产品质量检验报告

编号：   日期：

制造批号		数量		完成日期		
抽样数量		产品名称		检验员		
产品规格	电源电压		消耗功率		回转速	
	尺寸					
	颜色					

项次	检验项目	严重不合格数	轻微不合格数	处置方式及备注
1				
2				
3				
4				
5				
6				
7				
8				
9				
10				
11				
12				
13				
14				
15				
16				
17				
18				
19				
⋮				
				严重不合格率　% 轻微不合格率　%

不合格处理报告：

主管		检验员	

三十九、产品质量检验报告表

厂商代号：		产品等级：		编号：		
品名规格		商标		日期	年 月	日
数量		抽样数量				
制造批号		机型		标准电压		V
				标准功率		W

检　验

检验项目	检验标准与规格	检验结果
1.		
2.		
3.		
4.		
5.		
6.		
7.		
8.		
9.		
10.		
11.		
12.		
13.		
14.		
15.		
16.		
17.		
18.		
19.		
20.		
21.		
22.		
23.		

评定		备考	

厂长：　　　　　　　主管：　　　　　　质检员：

四十、产品出厂检验表

编号：   日期：

产品名称					数量				
客户名称					品级				
产品质量检验						产品质量保证				
检验项目	日期	检验员	进量	出量	不合格数	检验项目	日期	质检员	抽样数	合格与否
备注										

四十一、成品抽查检验记录表

编号：   日期：

品名		数量		
抽验项目		抽验数量	不合格数	通过与否
检验号码				

四十二、各部门产品合格率控制表

制造单号：

日期	产品名称			产品数量			目标合格率					
	部			部			部			部		
	产量	合格	合格率	产量	合格	合格率	产量	合格	合格率	产量	合格	合格率
1												
2												
3												
4												
5												
6												
7												
8												
9												
10												
11												
12												
13												
14												
15												
16												
17												
18												
19												
20												
21												
22												
产出率	100											
	90											
	80											
	70											
	60											

四十三、成品检验汇总表

编号：　　　　　　　　　　　　　　　　　　　　　　日期：

成品名称				数量			
制造批号				备注			
检验项目	品质检验				品质保证		
	日期	检验员	数量	出量	不合格数	日期	复核	意见
备注								

四十四、首批产品试制状况记录表

产品名称			产品编号		
制造编号		试制开始日期		试制数量	

材料：

	材料规范及质量			说明	工作状况及质量			
	良好	其他情形	盖章及日期		良好	不正常	日期	采取措施
生产部门								

续表

	材料规范及质量			说明	工作状况及质量			
	良好	其他情形	盖章及日期		良好	不正常	日期	采取措施
品质管理部门								
技术部门								

机器设备状况：

保养人员		日期	
技术人员		日期	

四十五、管理评定质量改进措施记录表

编号：　　　　　　　　　　　　　　　　　日期：

管理评审时间		管理评审报告编号	

质量改进项目内容：

质量改进实施建议（本栏目由质量管理部门填写）：

管理者代表审批意见	
	年　　月　　日

质量改进计划（本栏目由质量改进实施部门填写）：

年　　月　　日

质量改进项目验证记录：

副总经理（签名）：　　　　　　　　　　　　　　　　年　　月　　日

四十六、外部投诉处理记录表

投诉单位		被投诉单位、个人		投诉时间	
投诉意见			记录：	年 月 日	
调查结果			签名：	年 月 日	
公司副总经理室批复意见			签名：	年 月 日	
处理结果			验证部门签字 签名： 年 月 日		

四十七、不合格报告

编号：　　　　　　　　　　　　　　　　　　　日期：

受审核部门		审核编号	

不合格描述：

不符合标准/手册条款号	

不合格严重性判定：　　　　□ 严重不合格　　　　□ 轻微不合格

处理意见：□ 1 周内给予纠正 　　　　　□ 4 周内给予纠正 　　　　　□ 3 个月内给予纠正	确认与承诺：
审核员签名：	受审核部门负责人签名：

不合格原因（受审部门填写）：

签名：　　年　　月　　日

纠正措施（受审部门填写）：

签名：　　年　　月　　日

验收意见：

审核员：　　年　　月　　日

审核组长签名		日期	

四十八、纠正措施记录表

编号：　　　　　　　　　　　　　　　　　　　日期：

责任部门		验证部门	
不合格报告名称及编号			

不合格原因（本栏由责任部门填写）：

年　月　日

纠正措施建议：

年　月　日

处理意见：	主管领导意见：
年　月　日	年　月　日

纠正措施验证记录：

四十九、预防措施记录表

编号：　　　　　　　　　　　　　　　　　　　日期：

责任部门		验证部门	
不合格报告名称及编号			

潜在不合格原因（本栏由责任部门填写）：

年　　月　　日

预防措施建议：

年　　月　　日

处理意见：	主管领导意见：
年　　月　　日	年　　月　　日

预防措施验证记录：

五十、产品质量改进记录表

制表日期： 年 月 日

产品名称						编号					
规格											
管理项目	原质量标准	更改后标准	更动原因	交办日期	完成日期	变动因素					改善结果
						制程	设备	材料	操作	技术	

主管：　　　　　　　　　　　制表人：

五十一、产品质量改进通知单

制表日期： 年 月 日

改善单位					
改善项目		生产过程改变项目			
现况					
改善方法重点		批示	拟办	预定日程	
		处理结果			
改善时间	年 月 日以前	经办	完成日期		经办
主管批示		主管批示			

制表人：

五十二、产品质量改进分析表

制表日期：　　年　　月　　日

产品名称					
规格		编号			
检验产品		目前水准		目标水准	

产品质量分析图

原因分析	目前水准	拟变更	现状检查	
			改善对策	经办单位
分析者				
主管批示				

制表人：

参考文献

［1］黄杰：《您为谁打工》，中国国际广播音像出版社，2007 年。

［2］黄杰：《黄杰培训咨询网》，www.huangjie.cn。

［3］黄杰：《如何做一名出色的现场主管》，世图音像电子出版社，2005 年。

［4］班组长培训网，www.banzuzhang.com。

［5］汤晓华：《采购腐败猛于虎》，中国国际广播音像出版社，2007 年。

［6］肖智军：《卓越班组长领导力篇》，广东经济出版社，2006 年。

［7］柳萍、张屹：《生产计划与管理运筹》，广东经济出版社，2003 年。

［8］管理百科，www.glbk.cc。

［9］聂去楚：《杰出班组长》，海天出版社，2002 年。

［10］张晓俭、张睿鹏：《现场管理实操细节》，广东经济出版社，2005 年。

［11］况平：《优秀班组长怎样抓现场》，中国时代经济出版社，2008 年。

［12］李飞龙：《如何当好班组长》，北京大学出版社，2006 年。

［13］李广泰：《杰出班组长》，海天出版社，2005 年。

［14］李广泰：《生产部主管跟我学》，广东经济出版社，2007 年。

［15］郝惠文：《生产现场主管必读手册》，海天出版社，2007 年。

［16］朱少军：《现场管理简单讲（升级版）》，广东经济出版社，2008 年。

［17］潘林岭：《新现场管理实战》，广东经济出版社，2004 年。

［18］日本设备维护协会：《自主保养完全手册》，（台北）财团法人中卫发展中心，2002 年。

［19］韩展初：《现场管理实务》，厦门大学出版社，2002 年。

［20］上海市总工会、上海市企管协会编写组：《班组管理知识》，企业管理出版社，1987 年。

［21］曾仕强：《中国式领导》，北京大学出版社，2005 年。

［22］ Thoma R.Keen：《团队教练》，中国水利水电出版社，2004 年。

［23］ 孙健敏、王青：《团队管理》，企业管理出版社，2004 年。

［24］ 《iCIBA 百科辞典》。

［25］ 肖智军、程海林：《卓越班组长基础篇》，广东经济出版社，2006 年。

［26］ 滕宝红：《制造企业班组长工作标准与范本》，人民邮电出版社，2007 年。

［27］ 朱春瑞：《做优秀的现场管理员》，广东经济出版社，2008 年。

［28］ 徐明达：《现场管理十大利器：生产主管必备的管理工具》，北京大学出版社，2007 年。

［29］ 嵇国光：《车间及班组领导艺术》，中国计量出版社，2006 年。

［30］ 李广泰：《防错、防误与防呆措施应用技巧》，海天出版社，2006 年。

［31］ 杨剑、黄英、金小玲：《班组长现场管理精要》，中国纺织出版社，2006 年。

［32］ 邱绍军：《现场管理 36 招》，浙江大学出版社，2006 年。

［33］ 中世：《都是心软惹的祸：一分钟现场管理故事》，西苑出版社，2005 年。

［34］ 史长银：《打造一目了然的现场》，海天出版社，2005 年。

［35］ 张晓俭、张睿鹏：《现场管理实操细节》，广东经济出版社，2005 年。

后　记

当即将完成本书第二版的写作时，我除了心怀欣喜之外，还多出一份担忧："班组长如何抓质量"这个命题还有更多有待于我们去发现和解决的问题，这本书能不能帮助广大的生产基层干部们发现更多隐藏的生产管理忧患呢？

十多年的职业培训师和企业管理顾问工作，万余人次的培训、讲座，特别是近年来对国内许多企业运营系统的改善和成本压缩项目，使我对生产干部的素质和现实的要求，有了更深层次的理解和认识。于是，便想与生产基层干部们一起分享自己对企业生产运营管理的一些新感悟。最终，便有了这本书的再版。

丰田人曾说过，他们的第一管理者是其企业的班组长。的确如此，在生产现场，班组长须时刻督促员工；班组长须时刻控制产品质量；班组长须时刻关注生产成本、生产进度、生产安全。除此之外，班组长还要时刻留意生产现场其他关乎生产管理的细枝末节。

如果班组长不负责任，如果班组长思维方式错了，如果班组长不会管理……那么，消费者、竞争对手、媒体一刻都不会停止对你的攻击，员工一天都不会停止抱怨。所以说，一般企业看高层队伍，优秀企业看中层队伍，卓越企业看基层队伍！

由此可见，班组长不仅是生产现场的监督者，而且对生产现场的状况和生产活动的结果负有直接责任。但是，班组长的位置却处在一个夹层中。既要传达上级的任务目标，又要让下级认可企业文化及其发展观。所以，班组长如何认真执行上级指令，并将生产指令传达下去，监督作业员如期、保质、保量、安全地完成生产任务，是班组长时时需要考虑的问题。

班组长在生产现场无疑需要直面每天都可能发生的不良品、货物混装、工伤事故以及交期延误等一系列问题。这些已经是生产管理中的难题了，如何处理这一系列问题是班组长的管理难点。对于制造大国的企业而言，塑造一流的现场管理队伍势在必行。否则，中国的制造业在世界中必将缺乏有效的竞争力。

为了给中国企业增添一分力量，希望此书的出版能给部分企业的生产干部一些参考、一些启示、一些思路及一些收获。

精益生产现场管理系列丛书并不意味着看完就成了生产管理专家，重要的是把工具、方法和思维运用到生活和工作中，多练多想多用，真正做到知行合一。同时，还要通过自身的言行影响和引导员工，培育员工素质，促使员工投入到生产运营和改善中来，进而形成整体的工作能力，降低成本、提高效率，推动企业和员工实现发展上的"双赢"，真正做到在共同建设和谐企业中共同享有，在共同享有和谐企业中共同建设。

总之，希望现场生产干部运用书中的思路、工具和方法打造一个赚钱的生产现场。

写到这里，充盈我内心的，还有感谢。

感谢父母对我的养育和教导，感谢在我成长过程中各阶段的领导对我的关怀和支持，感谢同事们对我的关照和帮助。

感谢朋友们对我的鞭策和激励，感谢广大学员和企业为我搭建了平台，使我真切感受到了生命的意义。感谢我所有的合作伙伴和培训咨询公司，也感谢所有接受过我服务和培训辅导的学员朋友们，感谢您们一直的支持与鼓励。

特别要感谢的是经济管理出版社的领导和勇生编辑。对本书的再版，他们提出了很多中肯的建议，使我受益匪浅。也特别要感谢四方华文的罗总及其公司其他同仁给予的帮助和支持。

我还要感谢我的妻子饶玉娥和家人。这是默默地，无需过多语言的欣赏和感动。

本书在写作过程中，参考了国内外同行们一些管理和生产运营方面的想法、案例和故事，在此一并表示感谢。

可以说，我再次倾尽全力地编写这本书，但是，不能回避的是，限于能力和水平，本书确实还有一些不当之处，还望广大读者不吝赐教。

我相信，成长是自然的。真诚地希望我们一起成长、进步，这也许是我们点燃生产运营管理火把的又一个开始。

期待广大读者的交流与分享。